西工大故事①

主　编　陈小筑　汪劲松

西北工业大学出版社

图书在版编目（CIP）数据

西工大故事/陈小筑，汪劲松主编．—西安：西北工业大学出版社，2013.10（2018.5重印）

ISBN 978-7-5612-3846-2

Ⅰ．①西…　Ⅱ．①陈…②汪…　Ⅲ．①西北工业大学—校史—史料　Ⅳ．①G649.284.11

中国版本图书馆CIP数据核字（2013）第241204号

出版发行：西北工业大学出版社
通信地址：西安市友谊西路127号　　邮编：710072
电　　话：(029)88493844　88491757
网　　址：www.nwpup.com
印 刷 者：陕西向阳印务有限公司
开　　本：787 mm×1 092 mm　　1/16
印　　张：12.25
字　　数：147千字
版　　次：2013年10月第1版　　2018年5月第3次印刷
定　　价：49.00元

《西工大故事》编委会

主　编：陈小筑　汪劲松

编　委：王润孝　刘丽华　郑永安　王　伟　袁建平

翁志黔　胥效文　魏炳波　张　骏

《西工大故事》编辑部

主　任：李小聪　张英群

成　员：徐　澄　傅高明　姚群秀　郭友军　王凡华

序

文化是民族的血脉，是人民的精神家园。大学成其为大，其表征不仅有大楼、有大师，更有着长期积淀形成的文化。

大学文化的功能和作用，我认为主要体现在两个方面：一是对社会文化的传承、引领和创新。党的十七届六中全会发出了“建设社会主义文化强国”的伟大号召；党的十八大进一步提出：“全面建设小康社会，实现中华民族伟大复兴，必须推动社会主义文化大发展大繁荣，兴起社会主义文化建设新高潮，提高国家软实力，发挥文化引领风尚、教育人民、服务社会、推动发展的作用。”由此，党和国家把文化传承与创新作为大学的四项基本职能之一，就是要求大学更好地担负起时代赋予的文化使命。大学是传承先进文化的中心，是一个国家的文化高地。大学文化对于社会文化具有重要的辐射、引领作用，具有不可替代的基础性、标志性意义。二是大学文化承载了师生员工的理想追求、价值取向和行为方式。文化是大学的灵魂、品质和性格。在大学文化潜移默化的熏陶下，学生们学习知识、崇尚科学，培养起创新意识、批判视野和人文情怀；教师们开展科学研究和知识创新，形成了艰苦奋斗、勇于探索、百折不挠、甘于奉献的科学精神以及追求真理、不信鬼神的独立性格。

大学文化包括精神文化、环境文化、制度文化等诸多方面的内容，但最为重要的还是精神文化。精神文化是师生员工在长期的办学实践中共同培育并遵循的理想信念、价值准则、群体意识和行为规范的集合，是一个学校文化的精髓和灵魂。人无精神不立，校无精神不兴，精神文化在师生员工中具有无可比拟的凝聚力和感召力。

西北工业大学(简称西工大)是一所以航空、航天、航海为特色的国防科技大学,历史悠久、文化底蕴深厚。脉源西北工学院、西安航空学院、原哈尔滨军事工程学院(简称哈军工)航空工程系三支,前两所大学脉络都可以追溯到20世纪30年代。1938年,国立北洋工学院、北平大学工学院、国立东北大学工学院、私立焦作工学院在汉中组建国立西北工学院。1935年前后,交通大学、浙江大学、中央大学分别成立了航空工程系;1952年,三校航空工程系在南京组建了华东航空学院,占新中国航空院校的"半壁江山";后西迁西安,更名为西安航空学院。1952年,哈军工航空工程系在哈尔滨组建,1970年全系并入西工大。西工大集中了在军工领域的强势学科,大师云集,星汉灿烂。三校系都带来各自重要的历史文化和办学特色,加之汉唐盛地千年文化的滋养、延安艰苦奋斗精神的浸润,构成了今天西工大文化的基本内涵,孕育出了"公诚勇毅"校训和"三实一新"校风,形成了扎根西部、求真务实、追求一流、献身国防的人文精神。这种精神和文化的感召,鞭策着一代又一代的西工大师生,从这里走出的每一位学子都深深打上了西工大的烙印,并成为活跃在国防军工舞台上的"主角",被社会誉为"西工大现象"。

今天,在社会主义市场经济体制和对外开放的条件下,大学的外部办学环境、内部管理方式和师生思想特征都发生了深刻的变化。为了继承和弘扬西工大优秀的文化传统,彰显历史上大师们的风采,整合那些让人难以忘怀的文化元素,凝聚起全校师生员工和海内外校友的精神认同,激发他们的爱校荣校意识,充分释放出为实现西工大"第二步"发展目标的正能量,在西工大建校75周年即将到来之际,校党委组织编写了这本《西工大故事》。

一般来讲,大校名校时间跨度大、重量级人物多、事件影响大、史料也丰富繁多,讲好西工大故事并非一件容易的事。由此,我们将以在西工大工作过的部分著名教授、在国内首创或有重大广泛影响的事件作为勾沉选录原则，并采取学校提出和学院推荐上下结合的方法，遴选了27个典型人物和事件作为入编对象。《西工大故事》呈现出三个特点：一是选材起点高，并具有一定的代表性。著名教授的开创性工作、业内公认的国内第一，是故事的重点，但在不同领域做了开拓性工作的教师和学生，也是我们关注的对象。不分门第、不论出身，只看他们的水平和影响。二是文章不面面俱到，截取人物和事件的横断面，着重突出其重点和亮点，不枝不蔓，在有限的篇幅中展示其精神世界和学术水平。三是强调故事情节和细节，尽量减少一些概念化的叙述，增强故事的吸引力和可读性。当然，由于时间和掌握的素材十分有限，一些应该收入书中的人和事没有收入，使人有遗珠之憾；另外，有的作者占有资料不多，写作上下功夫不够，文章平平。这些都是需要今后弥补和改进的。

讲西工大故事，其根本点是要传承和创新西工大文化。2013年5月，习近平主席在给北京大学考古文博学院2009级本科团支部的回信中，引用了北宋著名政治家和文学家欧阳修“得其大者可以兼其小”的名句。就大学文化来讲，我理解这个“大”，就是办学方向、理念、精神、灵魂层面的东西。古人常讲“道”与“术”的关系，“大”和“道”都是文化，是大学教育的核心价值和根本指向；“术”则是具体的手段和方法，表现为教学、科研、学科建设等具体工作的开展。大学要焕发出蓬勃的生机和活力，要完成她的神圣使命，就要“以道御术”，要有先进文化的濡染，成为人人心向往之的提升素质涵养和人格境界的场所，这也是编辑出版《西工大故事》的意义所在。

是为序。

陈小筑

2013年9月

目　　录

"延安一号"诞生记 ·· 1

1958 年,西工大飞机系师生开始研制我国第一架农业兼多用途小型飞机。师生们充分发挥聪明才智,克服重重困难,历时 150 天完成从草图设计到除发动机以外的全部研发制造工作。1958 年 12 月,"延安一号"成功首飞。

鹰击长空 ·· 7

西工大与成都飞机工业公司研制的歼—7E 飞机,是我国空军和海军装备的主力战机,连续 20 多年作为空军"八一"飞行表演队的专用机,在新中国成立 50 周年和 60 周年的国庆阅兵式上,接受世界目光的"检阅"。歼—7E 以及之后的改进型,被誉为"我国'产学研'结合的典范",西工大成为全国首家飞机型号研制的副总师单位。

亚洲最大和国内领先的翼型风洞 ·· 15

风洞是研制各种航空航天器的必备设施,先进翼型和机翼的设计是飞机设计的核心技术,也是国外对我国严密封锁的项目。从 20 世纪 80 年代起,在资深教授乔志德的带领下,西工大陆续建成亚洲最大的低速翼型风洞和我国首个具有自主知识产权的增压连续式高速翼型风洞。西工大的风洞群,已经成为我国设计和研究先进翼型的重要基地。

"娃娃教授" ·· 23

黄玉珊 14 岁考入中央大学土木系,23 岁被聘为国立中央大学教授。他是经周恩来总理任命的国防部五院结构强度与飞行环境研究所所长。他培养的第一个研究生成为生物力学的创始人，现为美国工程院院士。他为我国运载火箭的发展做出了重大贡献。

我国空气动力学学科奠基人 …………………………………… 29

罗时钧，我国著名空气动力学家和航空教育家。他是钱学森指导的第一位博士研究生。他编写了中国第一部空气动力学教材，长期从事飞机部件空气动力学、跨音速空气动力学、大迎角空气动力学、计算流体力学的教学和研究工作，创造了这方面的诸多个“第一”。

男子汉去飞行 ………………………………………………………… 34

试飞是刀尖上的舞蹈，是智慧与勇敢的结合。1994 年，西工大与中国飞行试验研究院联合成立了中国试飞员学院，并于 1998 年 4 月培养出了我国第一批硕士试飞员。

培养我国首批飞行力学博士的“伯乐” ………………………… 41

陈士橹是我国著名飞行力学专家和航空教育家，他创建了我国飞行力学学科，在国家航天重大工程项目中卓有建树，培养了我国第一批飞行力学博士。

精确打击的训练“神器” ………………………………………… 47

周凤岐研制的红箭 73 模拟训练器，在中国反坦克导弹的发展历史上功不可没。它的使用大大提高了部队战斗训练精度，缩短了训练周期，保证了实战中红箭 73 反坦克导弹的极高“命中率”。

名师出高徒 …………………………………………………………… 51

蔡体敏、吴心平在固体火箭发动机研究方面卓有建树，为我国培养出了第一位固体火箭发动机学科博士。

我国水中兵器教育事业的奠基人 ……………………………… 55

黄震中，创建了我国高校唯一的水中兵器学科，制订了我国第一部水中兵器专业教学计划。他十分重视实验基地和教材建设，撰写的《鱼雷总体设计》等是重要的经典专业著作和参考书。他在新型鱼雷的关键技术方面有众多重要建树，还培养出了我国第一位鱼雷专业研究生和两位中国工程院院士。

大风大浪写春秋 …………………………………… 65

徐德民，常年从事航海工程教育，开展远程水下自主航行器研制工作；带领团队研制成功了三种新型水下航行器，其主要性能国内领先并达到国际先进水平。他不仅培养了一批高素质的精英人才，更走出了一条“产学研”结合的创新之路。

海洋深处的眼睛 …………………………………… 74

马远良，我国著名的水声工程专家，我国水中兵器学科第一个博士点和博士后流动站的创建者。他曾研制我国第一代直升机吊放声呐，先后主持四种型号航空声呐的研制，是我国在这一工程科技领域里的开拓者和带头人。

熔铸赤诚 …………………………………… 79

周尧和，担任国际铸造学会主席的第一位中国人。他在铸造领域有众多重要建树，并领导建立了首个国家重点实验室，培养出新中国第一位铸造学科博士，是中国铸造学科的第一位中国科学院院士，被中国机械工程学会授予“首届中国铸造终身成就奖”。

逐梦高温合金 …………………………………… 87

傅恒志，曾担任西工大校长，在治校理政中表现出突出的战略眼光和才华。在高温合金研究领域取得了丰硕的成果。与周尧和院士一起，培养出我国第一位铸造专业博士。他忠实践行着“学者两事，道德、文章”的人生信条。

千锤百炼始到金 …………………………………… 94

张立同，几十年来从事航空航天高温材料技术及其应用研究，解决了国家急需的一系列重大技术关键难题，取得多项开创性成果，她使我国高温陶瓷基复合材料的研究与应用水平进入国际前列。她被人们称为“巾帼院士”。

先进制造技术的引领者 …… 101

杨彭基，航空宇航制造工程学科的奠基人，我国计算机辅助设计与制造学科的创建人。他积极跟踪世界前沿，奠定了航空制造工程以及计算机辅助设计与制造学科的理论基础，培养出我国航空宇航制造工程学科的第一位博士。

百年航空与百岁老人 …… 108

姜长英，从 20 世纪 30 年代起就在极其艰难的条件下从事航空史研究，几十年如一日，为国家保存、整理、考证了大量珍贵的航空航天史料，是中国航空史研究的权威和奠基人。

航空教育家季文美 …… 113

季文美，我国著名航空教育家、力学专家。在交通大学、华东航空学院、西工大长期从事航空工程教育，曾担任西工大校长和名誉校长、中国航空学会理事长等领导职务，形成了一整套先进的办学理念和教育教学思想，并付诸实践。他创建了西北西南科技协作中心，并对发展中国航空工业有独到的研究。

中国航空发动机工程教育的泰斗 …… 120

王宏基，我国著名的航空发动机教育专家和超音速燃烧学科带头人；所著《内燃机》以及负责编写的《航空叶轮机原理》等，成为各航空院校的主要教材；从 20 世纪 40 年代以来，长期担任多所院校航空工程系主任和航空发动机系主任，筹建了喷气发动机试车台和实验室；瞄准世界科技前沿，率先开展超音速燃烧研究；培养出我国第一位航空发动机专业博士。

中德合作的典范 …… 127

廖明夫、刘启洲通过与德国柏林工业大学开展合作研究及人才培养，不仅实现了西工大招收外国留学生零的突破，而且把这种合作推进上升到中德两国政府的层面。10 年间，培养中德风电技术骨干数以千计，形成了中德“产学研政”全行业参与的协同教育网络，构建了完整的风电卓越工程师培养体系。中德联合培养人才规模之大、水平之高、时间之长，前所未有。

"运—8"飞机的"千里眼" …………………………………………………… 135

20世纪70年代，西工大电子工程系雷达教研室承担了大型运输机"运—8"航行雷达的研制任务，教师们从图纸设计、机载航行、零部件加工到安装调试，克服重重困难，保证了雷达各项优良的战术指标，为国防工业做出了重大贡献。

让北斗绽开美丽的翅膀 …………………………………………………… 142

2000年，北斗导航卫星升空，稀土电机工作正常，卫星天线成功展开。这个电机就是西工大研制的，而且是国内高校第一个上星的研制产品。这也是稀土永磁电机在航天领域的成功应用。

军用机载计算机研制第一人 ……………………………………………… 149

康继昌，年仅29岁就作为我国第一台机载军用计算机样机的设计和研制者，创造了"中国第一"；之后又研制了我国第一台机载火控计算机并装备飞机，再次创造了"中国第一"。他是中国计算机学科的第一代科学家和教育家。

地面画龙　天上点睛 ……………………………………………………… 154

魏炳波作为洪堡学者学成回国后，怀揣"要使中国空间材料科学在世界占有一席之地"的志向，白手起家，自制成套设备，创建了我国第一个空间材料科学实验室，其水平处于国际前列。

UNESCO，IPMA与西工大 ………………………………………………… 159

西工大是最早开展中国项目管理研究和活动的高校之一，联合国教科文组织"产学研"结合计划唯一的中国网点就设立在西工大。西工大也是最早推进中国项目管理国际化的高校。

叩开联合国大门 …………………………………………………………… 164

西工大是国内率先开展"模拟联合国"活动的高校，曾创造了诸多第一：中国大学生第一次出现在美国纽约联合国总部"模联"大会上；第一次与美国大学生协会在美国境外举办模联西安分会；是唯一两次获得美国纽约模联最高奖的中国高校。

志在国防铸辉煌 …………………………………………………… 171

国庆60周年阅兵式上，首次亮相的无人机方阵格外引人注目。展示的无人机全部是西工大无人机所研制并生产的，这在全国高校中是唯一的。西工大无人机研制从20世纪50年代起步，经过四代人的不懈努力，今天已发展成为全国最大的无人机研制基地，为国防武器装备做出了重大贡献。

后记 ………………………………………………………………… 181

“延安一号”诞生记

1958年，西工大飞机系师生开始研制我国第一架飞机。师生们充分发挥聪明才智，克服重重困难，历时150天完成从草图设计到除发动机以外的全部研发制造工作。1958年12月，“延安一号”成功首飞。

1949年新中国刚刚成立，战争创伤还没有来得及医治，中央就下决心成立空军。1954年，我国第一批飞机及其发动机试制成功。1956年，我国首次成功研制了歼—5喷气飞机，成为当时世界上少数几个能够生产喷气飞机的国家之一。

1958年，中国出现了“全民办航空”的热潮。除航空工厂之外，各航空院校也竞相设计制造飞机。身为航空院校的西工大师生们深感使命重大，为了洗刷中国落后的百年耻辱，更有必要发奋图强。1958年年初，西工大飞机设计研究室的年轻教师们贴出了倡议书：“我们也要造飞机。”在倡议书中，他们分析了学校自身的优势：有著名且历史悠久的三个高校（中央大学、交通大学、浙江大学）航空系的文化积淀，有多位著名的航空界老专家的坐镇指导，有全校师生员工的干劲与通力合作，有中国人的志气和智慧，完全有条件依靠自己的力量造出飞机来。这个倡议得到了全校师生员工的热烈响应，纷纷表示支持。经校领导研究决定，支持大家的要求，靠学校自己的力量造出“西航一号”（延安一号）飞机来。同年4月，经原一机部批准正式立项设计和试制飞机。

随后，学校任命飞机系主任黄玉珊教授为总工程师，许玉赞教授为总设计师，杨彭基教授为总工艺师，李寿萱教授为副总工程师，以教师为骨干，带领1958届学生进行结构设计和工装设计、工艺准备，五系工厂和1959届学生作为生产力量的主体，1960届学生为助手。同时，从飞机工艺专业抽调两名教师配合供应处跑设备和材料。从此，西工大艰难地开始了自己的飞机研制工作。

当时正值为1958届学生安排毕业实习，因此一边要开展“延安一号”的总体设计，一边要将学生安排到沈阳飞机工厂和南昌飞机工厂参加生产实践，分工负责参加设计与生产各环节的实践，学习各环节的操作，有序地开展设计与生产的工作。在毕业实习结束后，专门留下3名学生在设计所的冷气组、座舱组、电气组参加“初教一”的设计工作，熟悉全部设计内容。飞机设计专业的学生回校后，在年轻教师的带领下分组开展设计工作，飞机工艺专业的学生回校后先抓紧时间做完毕业设计，然后陆续参加生产准备和工装设计，接着一起参加制造。

“延安一号”总体设计时，曾经提出了几种方案供比较选择。但是，鉴于当时国内还只能生产一种活塞式发动机，而且我国正缺小型多用途民用机，因而最后确定制造一种小型、单发、上单翼既可载人又可农用的民用机。飞机重1 400千克，升限3 500米，最大飞行速度195千米/时，着陆速度36千米/时，土跑道可以起降。

飞机设计之初，根本没有航空设备资料与标准件资料，只能参考现有飞机资料。因为国家当时正生产雅克－18型初级教练机（原航空工业局从苏联购买的图纸），所以就拿它当参考。

飞机是一种高科技的综合性产品，搞出来不容易，要安全地在天上飞更不容易。从设计制造之初，大家就达成共识，要确保所造飞机安全上天，能媲美正规工程制造的飞机质量，保证实现设计使用要求，就必须遵循航空产品质量保证的要求进行设计制造。因此，尽管所要制造的飞机，定位是既小型又简单，但从设计到制造都是严格按规程和要求进行的。如完成了初步设计后，需造出木质样机，经多方评审后，才能进入详细设计阶段。又如起落架减震器经计算后，加工出样品连同起落架要进行落震试验。又如电气系统比较简单，但除了原理设计图以外，布线图与电缆图一份也不能省去。

当时，我国的经济体制是计划经济，没有预先立项批准，连一个铆钉都搞不到。“巧媳妇难为无米之炊”，没材料怎么造飞机？怎么办？只能硬着头皮到各兄弟厂和空军后勤部求援，寻求支援一些材料和设备。虽然经过了“求爷爷告奶奶”式的努力，找来了大部分材料和设备，但还有许多欠缺。对实在找不到的设备就想办法代替，甚至拿手边现有报废航空旧设备代用，做到废物利用，变废为宝。

学校毕竟不像航空工厂，很多专用设备根本没有，只能绞尽脑汁想出路，实在不行因陋就简，土法上马。如机身蒙皮的制造，学校没有大型滚床和庄（P3）机，就在木质模型上用手工敲打成型。又如冷气瓶装机前要进行加压试验，学校没有防爆容器，那就在空地上挖个深坑，这样仍然可以进行试验。

对这一批从来没有经历过实际设计和生产过程的年轻师生来说，困难重重，新设计的飞机在制造过程中不时会出现一些意想不到的问题。这时不是先追究责任，而是有关人员聚在一起群策群力，想办法、找原因，积极解决问题。如在落震试验中，减震器的功量图老是测不到，似乎减震器没起作用。经过大家的分析、排查，后来发现是因为轮胎在着地的一刹那没有滑动，所以减震器不起作用，于是就在地面铺上钢板，再在上面撒些沙子，终于测出了减震器的功量图。又如在飞机滑跑转弯的过程中，老是感到尾轮转动不灵活，最初总以为问题出在摩擦力太大影响了转动，大家就在减小摩擦力上下功夫，想了很多办法，但尝试了还是解决不了问题。一位工人师傅提出可能是力臂问题，经讨论确定将尾轮的倾斜度变小，问题随即得到了解决。

在设计、生产、试验人员的通力合作下，“延安一号”终于总装完成。经过外场调试和滑行试验，于1958年11月开始外场试飞。试飞员评价飞机操纵性能和起降性能良好，可以进行下一步的性能试飞。飞机装载1台国产M－11ΦP活塞发动机，实现了主要以农用为主，也可用于跳伞、客货运、救护等方面，可载客4～5人的设计目标。通过细致的性能试飞前的准备，1958年12月3日在西安市西郊机场举行了“延安一号”的正式试飞仪式，并取得了成功。飞机经陕西省政府批准正式命名为“延安一号”，且计划在性能试飞完成后再生产10架。《陕西日报》还在当天报纸的头版头条进行了大幅报道。

“延安一号”的试飞成功，极大地鼓舞了全校师生和三秦人民的热情与信心。尽管飞机不大，内部设备也不复杂，但在当时国家非常困难的时期，仅靠一所航空院校的师生员工就能在短时间内造出一架飞上天的飞机，就足以证明中国人有智慧和能力，能够靠自己的力量发展经济。

1958年，是飞机首飞上天最多的一年，但绝大多数飞机没有能够发展下去和交付使用。而刚成立不久的拥有飞机设计、飞机工艺等专业的飞机系师生通过创意设计、制造飞机，生产出中国第一架农业兼多用途小型飞机——“延安一号”，体现了西工大人勇于争先、敢于担当、不落人后的拼搏向上的精神。从3月开始草图设计，在150天内完成了除发动机以外的全部设计、制造工作，到12月3日试飞成功。当时先后参加飞机设计的有教师17人，学生118人，先后参加试制工作的有教师35人，学生303人。虽然后来该型号飞机因为种种原因并未能投入批量生产，但是通过“延安一号”设计、制造的全过程，积累了一些独立设计飞机的经验、教训，真刀真枪地培养与锻炼了一大批脚踏实地干工程的师生们的技术与创新能力，培养了一批航空科研人才。

1958年10月起，学校先后派出教师20多人带领1959届学生80多人，作为生力军参加哈尔滨飞机工厂的国内第一架中型民用客机401号的设计与生产准备工作，正是通过“延安一号”等的实践磨炼，他们成为了工作中的骨干和有生力量，获得了工厂的肯定和好评。这种理论联系实际的培养方式在教师中也再一次得到肯定而且深入人心，至今在人才培养讨论中仍然为人们所津津乐道。

在“延安一号”试飞成功的基础上，飞机系的教师与工人又制造出当时国内第一架且是唯一的地面效应飞行器，在地面和水面试飞均获得成功。1965年，他们又设计与制造了国内第一架直升机“延安二号”。可以说，“延安一号”是首架由西工大独立设计和制造的农业兼多用途小型飞机，它标志着西工大人迈上了独立设计制造飞机的道路。

一路走来，西工大人几乎参与了代表国家水平的所有机种、机型的研制，如歼击机系列的歼—5、歼—6、歼—7、歼—8、歼—10，运输机系列的运7、运8、运10、新舟60、新舟700，国家重大专项“大飞机”……一架架、一项项都是几代西工大人立志航空、报效祖国的见证。

（执笔人：林崧）

（注：当年参加“延安一号”设计与试制工作的林崧、马祖康、何心源、王太文、张毓铨等老师对此稿的形成做出了贡献。）

鹰击长空

西工大与成都飞机工业公司研制的歼—7E飞机，是我国空军和海军装备的主力战机，连续20多年作为空军“八一”飞行表演队的专用机，在新中国成立50周年和60周年的国庆阅兵式上，接受世界目光的“检阅”。歼—7E以及之后的改进型，被誉为“我国‘产学研’结合的典范”，西工大成为全国首家飞机型号研制的副总师单位。

1999年10月1日，歼—7E型系列战斗机作为我国空军的主力战机，参加了中华人民共和国成立50周年国庆阅兵式。

2009年10月1日，在新中国成立60周年大庆上，“八一”飞行表演队驾驶歼—7E型飞机以及由我国自行研制的大型预警机空警一

2000 组成 9 架机的第一梯队，雄壮地飞过天安门上空，接受党和国家领导人以及亿万中国人民的检阅。

歼—7E 型飞机作为我国空军和海军主力机种已大量装备部队，它的优越性能使其成为我国空军“八一”飞行表演队表演机长达 20 年，并获得了国家科技进步二等奖。它的出口型号歼—7MG 装备了巴基斯坦和孟加拉国等国，并引起了多国的兴趣。

歼—7E 型飞机是我国战斗机中唯一以高校为副总师单位研制的飞机，是我国“产学研”结合的典范。

这一切使得笔者思绪万千，不禁回忆起歼—7E 型飞机诞生的过程。

一

1982 年，沙伯南教授带领学生在成都飞机公司实习期间，看到歼—7 飞机机头有 130 千克的“死配重”，并且了解到该机在使用中存在着航程短、机动性能和起飞着陆性能差等缺陷。作为目前大量装配部队的主力机种，这些缺陷在未来战争中意味着什么，是不言而喻的。“拿掉死配重，提高飞机作战性能!”这个念头强烈地冲击着沙伯南教授的心扉。这不仅是一位航空教育工作者的责任，更是一位老战士的心愿。沙伯南教授从 1950 年到 1957 年底，在空军部队工作了 7 年多，曾任飞行大队机务主任，并参加过抗美援朝。因此，他对装备部队的飞机有着特殊的感情!

实习结束回到学校后，他不禁陷入沉思。美国 F5、法国幻影系列和独联体米格 21 与我国的歼—7 机同属第二代战斗机，但欧美发达国家也不全是贪大求新，他们并不是因为有了更先进的 F16、苏 27、米格 29 飞机就放弃了对旧机的改进和改型。我们要怎么做？研制新机当然是一条路，但是既要耗费巨资和时间，也不符合当时的中国国情。

一条“渐改”的思路在他的脑海中渐渐清晰起来：立足原型机，改进某气动布局以提高性能。这个渐改方案既考虑了国情，又能从空军实战出发。当他把自己的想法向学校汇报以后，当即得到了校系领导的大力支持。1983—1984年，作为大学生毕业设计选题，沙伯南教授率先开展了研究工作。1984年底，该项课题得到原国防科工委的大力支持。1985年，西工大与成都飞机公司签订了合作意向协议。1986年，成都飞机公司和西工大联合上报了《关于歼—7改飞机研制总体设想的报告》。1987年10月，总参谋部对改型飞机正式立项。

且不说飞机改型是一个超大规模的科研项目，单是该项目的立项在我国就是一大突破，这是我国战斗机中第一次以高校为副总师单位研制的型号，是第一个厂校合作的大型项目，对于我校来说更是一大突破，是“产学研”的探索与实践。因此，学校领导高度重视，党委书记、校长多次亲临指导、现场办公；中国航空学会理事长、我校名誉校长季文美先生，也在厂校之间做了大量的协调工作。

二

项目立项后，一个以科技部长虞企鹤教授、飞机系副主任李为吉教授任正、副指挥，沙伯南教授兼任总设计师的校方现场指挥部应运而生。整个研制队伍以飞机系为主干，自动控制系、航天工程学院等大力配合，内含总体和性能组、结构强度组、空气动力载荷计算组、颤振计算组、操纵品质组和吹风组等，充分体现了高校学科门类齐全以及科研理论实力雄厚的特色。整个队伍虽然只有30余名教师，但其中包括型号总设计师顾问刘千刚、杨庆雄、赵令诚3位博士生导师和20名正、副教授，真可谓是精兵强将！

然而随着工作的逐渐开展，实际遇到的困难比想象中要多得多。一是歼—7是个定型产品，要改自然就有更大的困难；二是教师们没有研制的经验，理论与实践的差距确实很大。万事开头难，总要有人勇于踏出第一步。

为了抢时间，杨庆雄教授和他的结构组走了“跟随设计”“并行设计”这样一条给自己找麻烦的路子。既然结构强度计算与总体和其他环节工作同步进行，那么版本（结构方案）的修改甚至推倒重来就成了家常便饭。因此，全组共设计了10个版本20多个方案，计算模型中的小调整还不算，造成工作量成倍地加大。但这样做的好处是外形一定，方案就出来了，避免了课题组和厂校之间的互相等待，还可以及早发现一些技术问题，防患于未然。

采用新的气动布局，教师们是要承担各种风险的。比如，颤振速度未能达到设计要求，飞行时就会造成机毁人亡的一级事故。由于机翼改动，展弦比加大，因而带来了颤振特性的降低。而低空大表速又是现代战斗机的一个重要指标，对提高突防能力意义重大。因此，提高颤振速度成了颤振组和结构组必须攻克的技术难关。

在近声速范围，飞机大迎角出现轻度纵向力矩曲线“鼓包”，直接影响飞行安全。由此，研制工作还一度中断过。总体组、气动组等成员和工厂密切配合，采取了相应措施，消除了纵向力矩的“鼓包”，同时还改善了飞机大迎角气动特性。类似的问题还有很多，当课题组遇到一些较大的技术难题时，飞机系就会组织全系教师给予大力支持，同时邀请学术造诣高、经验丰富的教授们提供咨询，集思广益，充分发挥高校的理论与技术优势。

可以毫不夸张地说，歼—7E型系列改型机的研制成功是一曲团结、拼搏、奉献、奋斗的凯歌，是优势互补、通力协作的典范。在研制过程中，厂校合作的优势得以充分的体现，高校有科研理论优势，而工厂企业有工程实践优势。比如，一方面，原样机机身不是改型部件且又是工厂设计的，自然没有学校的事。但是，杨庆雄教授和他的结构组在研制中发现机身上连接70隔板的框受力要失稳，就主动为工厂着想，专门进行试验和研究，并提出了改进方案，及早地消除了机身隐患。另一方面，工厂领导和总师对老师尊重和信任，为老师的工作提供各种方便。学校在对重要的气动部件原理、方案、工作范围、安全措施等深入研究后，工厂以及618所密切协作，及时安排了各种风洞试验，强度试验，系统原理、性能、操作试验，可靠性分析和寿命试验。在试验中发现的问题又反馈到设计中，改进了原设计，从而保证了气动部件的研制成功。

1993年5月正式设计定型，3架改型飞机进行了长期的试飞鉴定，试飞员说："这架飞机改得好，早应该这样改了。"有的甚至说："飞了这架飞机再也不想飞别的飞机了。"

改型机从批准立项到定型，前后只用了5年半时间，研制经费不到7 000万元，以最小的经济代价获取了最大的性能效益。这样的高效率得到了部队首长和主管部委领导的高度评价。原国务院总理李鹏、原军委副主席刘华清都做了有关批示，表示热烈的祝贺。

在歼—7E型系列机航定会上，怀国模、王昂等领导对厂校合作的科研形式给予了高度评价，认为是走出了厂校结合研制型号工程的新路子！

高校作为技术承包方参与大型型号工程的研制，从提出方案、批准立项、付诸实践到研制成功，用赵令诚教授的话讲：“这在全国高校中仅此一家，是破天荒的，是空前的！”厂校在歼—7E型机上的合作，甚至超过了在改型机上所采用的先进气动布局的意义！同时，它也以不可辩驳的事实证明：高校完全有能力承接和完成大型工程项目，为国防现代化建设做出更多、更大的贡献！

三

当望着用智慧和汗水孕育出来的共和国之鹰时，教师们只觉得喉梗鼻酸，沙伯南教授悄悄拭去了眼角的泪花，他那明显疲惫又憔悴的脸颊上露出了欣慰的笑容，在这一刻，他想到了许多许多，为了改型机能早日上天，教师们付出了所有的艰辛。

沙伯南教授作为副总设计师，为整个工程的顺利实施操碎了心。他既要负责改型方案的确定、总体方案的论证、新技术的采用以及难题的攻关，又要协调厂校和课题组之间的工作。有一次，他从牡丹江坐火车硬座，三天三夜赶到成都市，下车时双腿肿胀，连站起来都很困难。他常顶在第一线干，在工厂一住就是三四个月。

59 岁的姜晋庆教授体质较差，连续加班半个多月，有一次骑车时竟晕倒在路旁，连脸都摔破了。但他没有在意，稍事休息就又投入了紧张的工作中。

刘千刚教授经常加班到深夜，甚至被“锁”在了机房。巫泽在晕倒腿部摔伤后，仍然出差到气动试验现场。这样的事情还有很多很多，就不一一列举了。

懂专业的人都知道，搞飞机设计受条件限制出不了什么论文，而在现实社会里，发表论文的数量又是衡量一个教师学术水平以及职称晋升的重要指标。在这 10 年中，教师们很少顾及纯理论的研究，他们是把论文书写在了共和国的蓝天上！

对这些事，刘千刚教授只是淡淡一笑地说：“既然承担了工作，就要付出劳动代价。”也许刘教授的话代表了所有教师们的心声：一生清苦，却安贫乐道，功名利禄全能抛下，为的就是在有限的生命里踏踏实实地做几件事。这就是中国知识分子的情怀，这就是西工大人的“三实”作风！

应该说，学校在坚持教学科研为社会主义建设服务、为国防现代化建设服务的同时，自身也是受益的。这表明之前西工大的扎实作风为国家储备了一大批像沙伯南、刘千刚、杨庆雄、赵令诚、李凤蔚、姜晋庆等这样的优秀人才，但更为重要的是为西工大新一批人才的培养打下了坚实的基础。通过歼— 7E 型系列机的研制工作，更新了老师们的知识结构，丰富了教材内容，提高了教学效果，培养了学生的动手能力。因此，它不仅为学校赢得了荣誉，也为学校锻炼和培养了大批的飞机设计人才。

仰望祖国蔚蓝的天空，那里有着西工大人美好的期待。

（执笔人：王正平　徐澄）

亚洲最大和国内领先的翼型风洞

风洞是研制各种航空航天器的必备设施，先进翼型和机翼的设计是飞机设计的核心技术，也是国外对我国严密封锁的项目。从20世纪80年代起，在资深教授乔志德的带领下，西工大陆续建成亚洲最大的低速翼型风洞和我国首个具有自主知识产权的增压连续式高速翼型风洞。西工大的风洞群，已经成为我国设计和研究先进翼型的重要基地。

现代飞行器的设计离不开风洞，风洞试验是飞行器研制中必不可少的环节。翼型是飞机的重要部件，直接影响着飞行器巡航速度、起飞和着陆距离、失速速度、操纵品质和所有飞行状态下的气动效率。

先进翼型及机翼的设计技术是飞机设计的一项核心技术，也是国外对我国严密封锁的高科技项目之一。西工大从20世纪80年代开始，在资深教授乔志德的带领下，经过艰苦努力，克服重重困难，陆续建成了亚洲最大的低速翼型风洞（NF—3）和我国首个自主知识产权的增压连续式高速翼型风洞（NF—6），成为我国风洞试验的重要基地。

NF—3风洞

1986年，我国与德国洽谈研制一款新机型，对方提供了一套样机几何数据，唯独不给翼型数据。为什么他们偏偏对翼型数据秘而不宣呢？因为这是飞机设计的“核心技术机密”，也是该领域商业竞争的重要手段。高性能的飞机无不体现着先进的翼型设计思路，要自主设计飞机就必须突破先进翼型和机翼气动设计这项关键技术。当中方设计单位找到乔志德紧急求援时，他毫不犹豫地答应了。在克服重重困难后，终于拿出了满意的翼型设计，为我方在技术谈判中争取平等地位做出了重大贡献。

有设计、有分析还得有试验验证，上天的事，没小事。设计的翼型能不能用于飞机，最终要用风洞试验结果来判定，因此建造一个先进的风洞是提高我国飞行器设计的关键之一。乔志德决定率先打破外国技术封锁，创建西工大翼型研究中心，建立我国翼型研究基地。基于在翼型研究方面已经取得的突出成绩，加上乔志德及其同事们的努力争取，原国防科工委决定在西工大建设翼型叶栅国家级重点实验室，投资建设当时亚洲规模最大的 NF－3 低速翼型风洞。

由于风洞是精密的地面试验设备与鉴定设备，就靠它证明翼型设计的好坏，因此在建设过程中每个环节都要保持高标准、严要求，而这对于施工方来说是很困难的，因为他们之前并没做过如此精细的工程。这么大的风洞设备，如果完全按图纸要求去做，那么加工精度比手腕上的手表要求还高，这样一来在实际施工中遇到许多的困难。

比如与施工方的矛盾。当在几米量级的部件上存在 1～2 毫米的加工或安装偏差时，得要求施工方修正。而施工方不理解，认为是鸡蛋里挑骨头。乔志德和同事们便耐心向施工方解释风洞的特殊性和建设要求。渐渐地，施工方开始了解风洞的作用和要求，也慢慢地为西工大人的认真负责精神、严谨科研态度所感动，工作中的争吵也就越来越少了。

建设中的风洞

在风洞总装基本完成后，测量发现，风洞进口段至收缩段有10毫米轴线的偏差，这可超出了风洞允许的范围。这一段是风洞流场品质的关键，如果存在轴线的偏差超标，有可能使得风洞关键技术指标——平均气流偏角——超差而不能进行试验。但是，这一段已经加工安装完成了，要知道，这一段可是个高12米、宽8.5米、长20米、重30多吨的庞然大物！怎么办？再难也得保证工程质量。在乔志德的领导下，全体建设者集思广益，仔细研究，反复推敲，最后决定采用整体纠偏的办法。简单地说，就是先把风洞在各个方向支撑保护起来，然后在风洞的一边割开一个口子，一点一点把风洞扭向另一边，使风洞轴线平直，达到要求，最后再把割开的口子焊接起来。说起来好像挺简单，可是别忘了，那可是如此大的一个铁家伙！在经历了一个多月的反复研究、讨论、严格准备和实施后，风洞终于纠偏成功了。

NF—3型风洞于1988年筹建，项目虽然得到了上级的大力支持，但那时国家并不富裕，经费仍然十分紧张。为了省钱，实验团队便自己动手搞设计、自己画图、自己跑加工，郗忠祥带领团队骑着自行车在全西安市范围内进行加工调研和跟产，无论寒冬与酷暑。尽管如此，建设中经常还是遇到经费不能按时到位的情况。最严重的一次是风洞已经到了关键的总装阶段，可经费还是迟迟不能到位。但是工程不能等，怎么办？以乔志德为首的建设者们，做出了一个大胆的决定——贷款！以课题组的名义，凭借乔志德个人的信誉进行贷款。这在我国风洞的建设史上还从未有过！在当时的经济情况下也很少有人会想到这点。最终，在学校领导和365所的支持下，拿到了贷款，风洞才得以按计划继续进行建设。

在克服重重困难的情况下，NF—3风洞于1994年12月建成并通过国家验收。该项目获得了1994年航空科技进步一等奖。

NF—6风洞

1995年12月，原国防科工委对乔志德牵头筹建的“翼型、叶栅空气动力学国防科技重点实验室”进行评估时指出：高速翼型风洞对研制武装直升机和高性能飞机是十分重要的，目前尚属空白，建议予以重视。上述专家意见明确了高速翼型风洞建设的背景和必要性。

近几十年来，在航空界的激烈竞争主要体现在通过改进气动设计实现10%～15%的巡航和起降性能的改善，升力系数提高10%，提高巡航气动效率等方面。到目前为止，所有飞行器的发展和改进依然要依靠风洞试验。

典型的军机和运输机需要2万～2.5万小时的风洞试验，即使是一些部件的改进也要0.5万～1.4万小时的风洞试验，正是由于飞行器研制过程中对风洞实验的这种强烈依赖性，使得国际上已拥有大量风洞的先进国家仍然在考虑新风洞的建设或老风洞的再生。过去我国仅有“暂冲式”风洞，无法模拟飞机在空中连续飞行的状态，若能建成增压连续式高速翼型风洞，将大大提高我国系列化翼型设计能力，更快地缩短我国翼型设计制造和国外先进技术水平的差距。

基于上述思考并结合国防建设的需要，乔志德率先提出在国内建造一座增压连续式高速翼型风洞的设计理念，以填补国内无此类风洞的空白。乔志德这一远见卓识，得到国家相关部门的批准和支持。在原国家计委、原航空工业总公司、原国防科工委的共同支持下，西工大增压连续式高速翼型风洞终于在2000年开始投资建设，并命名为NF—6增压连续式高速翼型风洞。

虽然有NF—3低速翼型风洞的建设经验，但在NF—6建设过程中仍然碰到了许多新问题，也涌现了许多感人事迹。

在风洞回路中采用轴流压缩机形成试验段内连续不断地均匀流动空气，从而实现高速风洞的“连续式”运转，这在国内尚属首例。为了风洞的安全运行，必须找出压缩机安全工作的边界，即喘振边界。而在常压和增压情况下的喘振边界的测定可能需要几年的时间才能完成。风洞建设团队通过自主探索最终形成一套以常压喘振试验为主、增压试验作为验证的高效科学方法。在现场进行压缩机喘振试验时，现场的噪声高达100分贝，测试专家只能屏住呼吸盯着压缩机出口处的测压表，一旦压力表上有大的脉动（即临近喘振区），立即记录当前数据并打开旁路开关。只有让压缩机返回到安全工作状态，在场所有人悬着的心才能轻松下来。但这只是得到一个近喘振点的数据，而为了测试得到多条近喘振边界曲线，就需要经历上述紧张过程达上百次。

在测试压缩机喘振曲线近一年的时间里，出现过压缩机振动过大、油温过高及漏油、增速箱振动大等一系列问题。冬天，实验室的技术人员晚上睡在办公室，凌晨四点就起来到油站将润滑油加热装置打开，为的是早上八点启动压缩机工作；夏天，大家在早上七点即开始风洞运行，只为不影响学校其他单位的正常供电；为使调试工作不中断，午餐也常常只能在岗位将就着吃。

在风洞的流场校测中，需要经常安装诸如轴探管、静压条、锥柱体、标模、支架等设备和连接近百条各种测量信号线，这需要在不到0.5平方米的狭小钢制实验段内进行。夏天洞内闷热，为防划伤，工作人员必须穿长袖长裤进去工作；冬天洞内冰凉，工作人员在实验段内工作十几分钟手脚就已经麻木。这样繁琐耗时的安装完成后还必须进行反反复复的测量，直至达到安装要求为止。

从风洞的设计构思、前期研制到后期调试，无不饱含了团队集体智慧的结晶。

在风洞的建设过程中，许多已退休的老专家们如郗忠祥教授等，从该风洞方案论证、风洞结构设计、风洞基础和洞体安装，一直到风洞调试的最后阶段，始终工作在第一线。在艰苦的调试工作现场常常看到老专家们忘我地工作以及与年轻工作人员进行技术探讨和交流的身影。他们对技术的潜心钻研，对工作的认真尽责、对新人的尽心培养，感染并激励着风洞建设者们。

主管NF—6风洞建设的高超教授，放弃了多次出国访问和争取课题的机会，全身心扑在风洞的建设、调试工作上。他不仅深入到工程第一线亲自解决技术问题，指导实验室工作，而且要对整个风洞工程项目进行统筹管理。由于风洞建设是一个涉及多学科、跨专业的系统集成项目，由多个外协单位共同参与，因此为使风洞调试工作高效顺利进行，就必须保证学校与多个单位之间的沟通协作畅通，否则某一系统的不完善就会影响整体工程的进度。

还有连续工作近半年没有休息而大年初三便返回实验室的惠增宏高工团队；在冬冷夏热不到半平方的狭小钢制实验段内克服重重困难并最终完成任务的盛强、袁先士；通宵演算数据，只为不影响第二天风洞调试的张正科；坚守在岗位，多次推迟婚期的年轻教师郝礼书和刘国元；化亲人病重所带来痛苦为动力，一心钻研风洞测控系统的技术骨干王莹；顾不上将要高考的儿子，一心扑在风洞调试上的武洁；在实践中摸索、自学成才的工人李征、王斌和陈丽萍；等等。这一个一个事迹细细数来，得到的不仅是感动，更凝结成为西工大精神！

经过团队每个成员的不懈努力，2003年终于建成了国内首座增压连续式高速翼型风洞，实现了马赫数的精确控制，使风洞气流马赫数精度控制效果达到了国内领先、国际先进水平，并在某大型飞机等型号研制中发挥了重要作用。

除上述两座大型风洞设施外，重点实验室还具有低速和高速小型研究类风洞。如直径 1.5 米的低速三元风洞，300 毫米×300 毫米的马赫数从 0.3～4.5 的高速风洞，自适应壁风洞，低湍流度风洞等，形成了高低配套的风洞实验群。

在理论和数值计算研究方面，重点实验室具有并行式的微机计算系统，有与学校高性能计算中心 4 000 亿次/秒的计算机联网设施，具有良好的计算硬件开发平台。在计算软件方面，重点实验室自行开发出 CARD3D 多块网格并行计算系统，该系统成为我国第一个空气动力学出口软件。此外，还开发出非结构网格空气动力学软件分析系统，飞行器动导数计算软件系统，民机气动力计算软件系统，这些软件系统成为飞行器空气动力学研究的基础平台。

至今，风洞实验室已承担了航空、船舶、兵器、汽车、建筑等多种行业的 40 多项型号风洞试验任务，同时也培养了一支以翼型、机翼为主的，从事设计空气动力学理论与实验的研究队伍。

（执笔人：高超　高永卫）

“娃娃教授”

黄玉珊14岁考入中央大学土木系，23岁被聘为国立中央大学教授。他是经周恩来总理任命的国防部五院结构强度与飞行环境研究所所长。他培养的第一个研究生成为生物力学的创始人，现为美国工程院院士。他为我国运载火箭的发展做出了重大贡献。

黄玉珊，中国航空教育家和结构力学专家，1917年10月15日出生于江苏省南京市，自幼聪慧好学。1931年夏，黄玉珊考取国立中央大学土木工程系，时年尚不足14周岁，一时被沪、宁报纸誉为“神童”，传为美谈。1939年9月赴美国斯坦福大学，师从世界著名力学科学家S. 铁摩辛柯(Timoshenko)教授，以力学为主科、航空为副科，仅经一年时间，便获得博士学位，是铁摩辛柯教授最得意的门生。从美国启程回国前夕，黄玉珊先生已接受中央大学的教授聘约，时年23岁，在我国学术界有“娃娃教授”的美称。

一

抗战时期，中央大学迁到重庆嘉陵江畔的沙坪坝。黄玉珊先生身居竹庐陋室，就餐于公共食堂，还要经常躲避空袭，生活异常艰难，但他却处之泰然，心怀全国。一次，他站在校内被日寇飞机轰炸过七次的瓦砾堆上，苦涩而诙谐地向同学陈百屏提出上联求对：“问老兄需几张膏药贴祖国百孔千疮?”爱国忧民之心溢于言表。中央大学航空工程系主任罗荣安教授十分器重黄玉珊，认为“青出于蓝而胜于蓝”，便把自己讲授多年的“飞机结构”课程让给他教。黄玉珊又相继开出“飞机设计”“飞机强度”“弹性稳定”“工程数学”和“气球”等课程。他讲课内容新颖充实，见解精辟，阐释深入浅出，深受学生爱戴。他从1941年便开始指导研究生，如今享誉国际的美国工程科学院院士、生物力学创始人冯元桢教授，便是他的第一位研究生。

中华人民共和国成立后，面临着创建航空工业与开展科研的艰巨任务，黄玉珊意气风发，深感有了用武之地，忘我地投入工作。他提出：“飞机仿制中要考虑自行设计，设计中要重视基础科研，科研中要掌握国外先进技术”，从我国航空工业成败的历史经验教训回顾，可见他的深谋远虑。

1956年黄玉珊加入中国共产党，1952—1976年间，随着高等学校的院系调整、搬迁，相继担任了华东航空学院、西安航空学院和西工大飞机系主任。在他的领导下，飞机系由（华东航空学院）一个专业迅速发展为（西工大）六个专业和两个科学研究所（室），师资、教材、实验室建设都取得出色成绩，并形成了“学术气氛活跃、教学要求严格、同志相处宽松谦和”的系风。黄玉珊是我国最早一批的研究生、博士生和博士后导师。在我国航空航天界的结构强度领域，一批批厂所的中青年业务骨干是在他指导下得到迅速成长的。

黄玉珊一贯重视新兴学科的科研工作，并强调与工程实际相结合。从20世纪50年代起，他先后开展了结构分析的矩阵方法、飞机结构疲劳、高温结构强度和气动弹性力学等科研工作。1956年我国开始研制歼教—1喷气式飞机，就得到了黄玉珊的指导。1961年我国第一个飞机设计所在沈阳成立，黄玉珊应聘兼任技术顾问。他结合当时正在设计的超声速歼击机，指导该所开展了小展弦比翼面强度、柱壳与锥壳稳定性和结构热强度的分析研究。1962 年，我国自行研制的第一代运载火箭重入大气层时发生摇摆，黄玉珊应邀参与故障诊断与质疑。不久以后，经我国著名科学家钱学森推荐，黄玉珊被任命为国防部第五研究院顾问；1963 年国防部第六研究院聘请黄玉珊兼任该院技术委员会委员和结构强度组组长；1964 年经国务院周恩来总理任命，黄玉珊兼任国防部第五研究院结构强度与飞行环境研究所所长，直接领导运载火箭飞行环境与结构强度的科研工作。20 世纪 70 年代初期起，根据国外航空技术的发展和国内实际需要，他又专注于疲劳、断裂的科研，是我国旧飞机疲劳定寿和新飞机损伤容限设计的主要创始人。他指导了歼—5 主梁、轰 6 梁框、歼—6 机翼和歼—8 机翼的损伤容限评定和定寿延寿科研，并主持专家组审定了歼—8、轰 6、运—7、运—8、运—10 等型号飞机的结构设计方案。

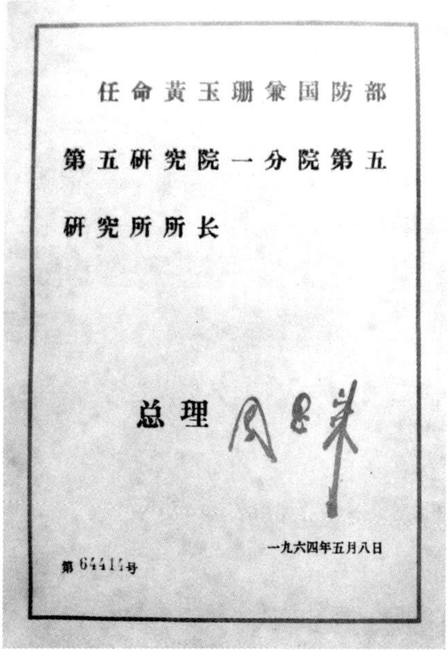
任命黄玉珊兼国防部

第五研究院一分院第五

研究所所长

总理 周恩来

一九六四年五月八日

第 64414 号

黄玉珊毕生从事航空、航天与力学领域的教学、科研和学术领导工作，他的学术贡献是多方面的。

二

飞机机体薄壁结构分析需用到板壳理论。1900 年 M. 利维（Levy）在经典薄板理论中所获得的单三角级数解答，由于收敛性好，因此得到广泛引用。1940 年黄玉珊在博士论文《具有中面力矩形板的弯曲》中，发展了一种降阶积分法，巧妙地导出这类薄板弯曲及稳定分析的利维解答。他又应用叠加原理获得在各种不同侧向外载作用下，具有固支边或自由边矩形薄板弯曲的利维解答，该成果于 1942 年在中国工程师学会第十一届年会上宣读，受到学会嘉奖。

1942 年，黄玉珊指导的冯元桢的硕士论文《微弯薄曲杆及薄曲板对侧压力的稳定性》，论证对称的曲杆或曲板，受对称的侧压力时，能因受不对称的小扰动而使失稳临界压力显著减小。这个主题经久不衰，至今非线性屈曲研究仍在进行。冯元桢在 1952 年撰写的一篇 NACATN2840 报告中指出，这类问题的命题和解法是黄玉珊老师所创立的。

黄玉珊根据航空、船舶等薄壁结构的特点，又提出一种探讨平板失稳分析的新命题。他考虑到加筋条间的板长小于板宽，根据横筋弯扭刚度比，简化成四种典型支持情况，求出相应的利维解答。

20世纪60年代初期，为适应航天结构分析的需要，黄玉珊进行了薄壁圆管受轴向压力失稳成菱形波后继续坍垮时的承载能力的理论分析和实验研究。他注意探索A. 帕格斯利（Pugsley）等人的理论分析与试验结果相符较差的原因，通过实验观察到失稳菱形波中三角平板再继续变形的情况，它并非像帕格斯利等人所认为的主要是剪切变形，而是沿纵向还存在很大的压缩变形。于是他同时考虑剪切与压缩变形，应用塑性极限分析的能量原理，导出了新的理论公式。新公式除了像帕格斯利等人的公式能求出平均坍垮载荷外，尚能进一步求出坍垮载荷的上、下限，并与实验结果符合较好。

在第一次世界大战时期，英国的DH—9型与德国的D—8型两架飞机曾因尾翼颤振而失事，颤振成为飞机设计中的一个重要课题。在黄玉珊主持下，西工大成立了飞机前轮摆振课题组，并于1960年建成了我国第一台可用于实际型号研制的摆振实验设备。它实际上是我国1984年以前新机研制与旧机改型中前轮摆振实验的唯一设备。在这台设备上做过实验的飞机型号有歼—5、歼—6、歼—7、歼—12、强—5、图—4、运—12和一种新农业机等。1984年出版的由前轮摆振课题组诸德培等编著、黄玉珊指导和审阅的专著《摆振理论与防摆措施》，至今仍是国内外全面阐述摆振理论、实验、设计和使用诸方面的唯一书籍。黄玉珊在我国自激振动领域的贡献主要体现在奠基工作和学术带头人的指导工作上。

三

1957年，黄玉珊在《飞机设计中的疲劳问题》一文中，就以大量实例分析了疲劳问题的重要性。20世纪60年代，他率领一批技术骨干进行疲劳研究，指导建立我国第一个大型全尺寸飞机疲劳试验水槽设备。20世纪70年代以来，现代飞机结构采用损伤容限及耐久性设计，疲劳、断裂力学、结构可靠性等学科迅速发展，黄玉珊站在这些学科的前沿，对设计思想有着十分全面的考虑，并亲自组织力量，积极解决各种实际问题。他组织了疲劳及断裂问题的全国性调查，并亲赴航空工厂及研究所讲授“断裂力学应用”课程。他对我国歼—5主梁断裂事故进行了精辟的分析，根据当时飞行载荷情况和主梁断口存在深度不到1毫米的孔壁裂纹，判断主梁发生了断裂力学问题中的脆断。他最早提议在大型锻件轰6梁框上制造人工裂纹进行疲劳试验，并指导了我国首次对飞机结构部件进行的歼—6机翼的损伤容限评定工作。

黄玉珊主持和参加了6项有关科研课题：“裂纹扩展及超载迟滞”“应力强度因子手册”“飞机结构损伤容限设计指南”“裂纹检测概率”“歼—6机使用寿命和检查周期”“歼—5主梁裂纹”，共9次获得国家级和部省级奖励，其研究成果对我国制定国家军用标准、编制飞机结构损伤容限设计指南等起了重要作用。他提出的被誉为“黄氏模型”的半线性Willenborg模型，是工程结构疲劳寿命计算的一种新方法。

黄玉珊的治学思想是广与深相结合。他认为学问要在广的基础上求深，深而再广，广而再深。他坚韧不拔地工作、学习。他的渊博学识，就是几十年如一日地积累起来的。在他精力旺盛时期，每天要去图书馆翻阅大量文献，包括英、德、俄、日等外文文献。自1954年春到1956年夏，他制作了文献索引卡片1 600余张，而后利用零碎时间坚持了这项工作。除了大量研究笔记之外，他从1953年8月开始写日记，直至逝世，35年从未间断。日记共有42本，其中个人与家庭琐事甚少，多为工作思考、学习心得与讨论纪要。

黄玉珊先生学术思想活跃，特别重视开创性工作。他认为任何点滴的从无到有的开创性的工作，其意义是无限深远的。他的这些学术思想对国内航空、航天界和力学界颇有影响。

（航空学院　供稿）

我国空气动力学学科奠基人

罗时钧，我国著名空气动力学家和航空教育家。他是钱学森指导的第一位博士研究生。他编写了中国第一部空气动力学教材，长期从事飞机部件空气动力学、跨音速空气动力学、大迎角空气动力学、计算流体力学的教学和研究工作，创造了这方面的诸多个“第一”。

钱学森指导的第一位博士研究生

罗时钧1923年4月1日出生于江西南昌。他的青少年时代正值中国军阀混战、日寇侵略的艰难岁月。他少年时便立下学习航空、科学救国的志向。1941年他被保送进入中央大学航空工程系，1945年获学士学位，由于品学兼优，被留校任教；1947年被公派进入美国明尼苏达大学航空工程系留学，1948年获航空工程硕士学位；同年以优秀成绩获准进入美国加州理工学院航空系攻读博士学位，主修空气动力学，辅修数学，师从钱学森教授，是钱学森的第一个博士研究生。

在钱学森的指导下，他研究“容克”飞机因尾翼抖振失事的空气动力机理。他深刻领悟钱学森教授研究理论流体力学的方法，顺利完成博士学位论文，深得钱学森器重。1950 年获加州理工学院航空与数学博士学位，时年 27 岁的他谢绝了美国的多方挽留，拒绝了台湾方面的邀请，于 1950 年 9 月毅然踏上返回祖国大陆的旅程。罗时钧等人乘船回国途经日本横滨时，被美军和台湾特务扣留，并被关入美军巢鸭监狱，在中国政府出面干涉下才于 1951 年初结束了 4 个月的铁窗生涯，得以返回祖国。

编写我国第一部空气动力学教材

回国后，罗时钧被安排在中国科学院数学研究所力学研究室工作。1952 年，党中央组建哈军工。罗时钧听从党的安排，于 1952 年 11 月前往哈军工，并讲授“空气动力学”课程。他的课程是全院有名的样板课。当时国内空气动力学专业没有中文教材，罗时钧经过教学实践摸索，于 1955 年编写了我国第一部空气动力学教材。因教学优秀，他于 1953 年成为中国人民解放军五一天安门观礼代表，并受到陈毅等党和国家领导人的亲切接见。“文革”期间，罗时钧的家庭和身心受到极大的摧残。在极端困难的条件下，他仍坚持热爱的科研工作。1970 年，哈军工航空工程系整建制并入西工大，罗时钧转任西工大教授，并于 1979－1984 年任学校副校长和空气动力学研究室主任。

方案用于我国第一架新型超音速飞机设计

1958 年，罗时钧首先提出的小展弦比机翼-宽机身组合体的翼身气动干扰计算方案，用于我国第一架新型超音速飞机设计；首次将有限差分法用于飞机空气动力计算，为我国计算流体力学的发展做出了开创性贡献。他主持并完成跨音速机翼-机身-平尾-垂尾组合体纵向空气动力差分计算程序，获1977年陕西省科研成果奖；1978年，他作为获奖代表参加全国科学大会。

罗时钧在指导研究生

1976年，他在国内首次解决大迎角非线性气动力计算的收敛问题，1988年将迎角提高到60°，在国际上首次得到非对称气动力计算结果，并取得计算方法上的突破，具有较高的理论和应用价值。1983年合作研究跨音速小扰动势流二级近似方法及其在翼型和机翼绕流上的应用，获航空工业部理论成果奖。1986年，合作研究S形进气道流场的计算机模拟，获陕西省高校科研成果二等奖。

罗时钧多次应邀去瑞典、联邦德国、美国等国家的十几所国外大学、研究所从事研究与讲学。他首次建立了西工大与联邦德国宇航院的科研协作关系，使得一大批空气动力学专业中青年教师骨干得以赴联邦德国宇航院学习深造和合作研究。

罗时钧从空气动力学学科建设的高度出发，1980年提出“自修正风洞”是一个重要研究方向，指导研究生进行探讨并敦促空气动力学研究室深入研究，使得这一课题取得了丰富成果，在国内外引起较大关注。

九十高龄仍在指导学生科研

2000年以来，罗时钧与美国加州大学尔湾分校刘锋教授和西工大蔡晋生教授合作研究细长锥体涡流的绝对稳定性理论，并用数值计算验证，对文献中实验结果之间的不一致性给出了合理的解释，澄清了学术界对三角翼大迎角对称的脱体涡的稳定性的争议，对飞行器前体的空气动力设计与控制有应用价值。2007年以来，罗时钧与刘锋教授等合作研究基于圆锥体大迎角下旋涡的不稳定性理论，采用等离子体激励方法控制圆锥的横向空气动力与力矩。采用占空循环技术，实现侧力和偏航力矩随占空比变化的线性控制曲线。发现在占空循环下的侧力随时间的变化是连续曲线，而不是前人预测的矩形曲线。等离子体激励的流动控制方法具有反应快、输入功率低和无运动部件等优点，具有很好的应用前景。

罗时钧在美国寓所和学生在一起

罗时钧先后获原航空航天工业部重大科研成果奖多项、陕西省科技成果奖、航空部先进工作者和有突出贡献专家称号，全国劳动模范称号。他发表的多篇学术论文被美国空军外国技术局和美国宇航研究院（NASA）译成英文发表。他被收入《中国大百科全书·航空航天》《美国科学与工程名人录》《当代中国的国防科技事业》和《中国科技人才大辞典》。罗时钧受聘为上海交通大学兼职教授，云南工学院名誉教授，国防科技大学兼职教授，美国马里兰大学、康奈尔大学、加州理工学院、圣塔克拉拉大学、南加州大学访问教授，原航空航天工业部干线飞机总设计师顾问，美国《数学评论》学会评论员，联邦德国《应用力学与工程中的计算机方法》顾问编委，《航空学报》《力学进展》编委，《空气动力学报》副主编，力学学会理事，航空学会理事、名誉理事，空气动力学学会理事。他曾任原航空工业部科学技术委员会主任委员，国家科委理论与应用力学学科组组员，中国科学院技术科学部工程力学分组成员。1979－1984 年任西工大副校长和空气动力学研究室主任。1993 年退休后，他任美国加州大学尔湾分校研究员。

如今，罗时钧远在美国加州，还借助互联网指导在西工大就读的研究生。他对学生不仅严格要求，更是循循善诱。他不仅关心学生的学业进步，而且帮助学生在思想上提高。耄耋之年，他仍奋斗在科研的第一线，为国家培养空气动力学的后继人才。

（执笔人：高超　蔡晋生　李华星　张正科）

男子汉去飞行

试飞是刀尖上的舞蹈，是智慧与勇敢的结合。1994 年，西工大与中国飞行试验研究院联合成立了中国试飞员学院，并于 1998 年 4 月培养出了我国第一批硕士试飞员。

1998 年 4 月 3 日，对赵鹏、赵生和孙光炯来说，是一个值得纪念的日子：他们的硕士学位论文在西工大顺利通过了答辩，并将取得工学硕士学位。这一天，对中国航空试飞事业来说，也是值得浓墨重彩书写的日子：我国有了自己的高层次新一代新机试飞员——硕士试飞员。

过了一关又一关

他们 3 人的硕士学位拿的不容易。在进入中国试飞员学院之前，赵鹏、赵生和孙光炯不仅在北京航空航天大学完成了相关专业的本科学习，还到位于四川广汉的民航飞行学院学习了两年，这才获准进入中国试飞员学院攻读硕士学位。

向往蓝天，渴望飞行，是许多男孩子童年的梦想。赵鹏 3 岁时就爬上了父亲驾驶的飞机，在黑龙江茫茫林海上空作业飞行，之后成为 Y5、米—8、里—2 等飞机和直升机的“常客”。在哈尔滨上高中时，班长考上了飞行员，赵鹏心里痒痒得睡不着觉。赵生在黑龙江德都县高中毕业填报大学志愿，只认准“航空”二字，三个志愿全都是航空类大学。而来自浙江慈溪中学的孙光炯，干脆放弃了保送浙江大学的机会，填报了北京航空航天大学。

1988年，他们如愿以偿，同时进入北京航空航天大学学习。1992年，4年的大学生活就要结束了，开飞机的梦想也快结束了。幸运的是，机会又一次降临在他们的面前：先是广汉民航飞行学院来校招考飞行教官，接着原中国航空工业总公司试飞局又来校招收硕士生试飞员。面临两种选择，3人毅然选择了“试飞”这个勇敢与智慧者的职业。“当试飞员能够最大程度发挥自己的潜能”，赵生如是说。

做着试飞员梦的并非只有他们。70多名同学在掂量了自己的条件后报了名。“严格地说我们不是考出来的，而是通过体检选出来的。”孙光炯坦率地说。

试飞员的身体要求和飞行员基本上一样。严格的体检整整进行了3天。根据有关要求，视力至少应在1.2以上，色盲、沙眼等均在淘汰之列；有鼻炎的人也不行，因为在高空经常需要戴输氧设备；身体有疤痕，也毫不留情地被刷下来（在高空压力增大，疤痕处容易破损）。

3天体检结束，赵鹏、赵生、孙光炯幸运地入选了。“男子汉就要去飞行!”3个20来岁的小伙子热血沸腾。

飞向蓝天

1992年9月至1994年7月，赵鹏、赵生、孙光炯作为试飞员学院的预科生，进入广汉民航飞行学院，一方面学习与驾驶飞机相关的基础理论知识，另一方面要真刀真枪地驾机飞行。根据要求，他们在两年内要完成民航飞行学院学员4年的学习任务。

3个青年人清楚地记得第一个飞行日是1993年2月14日。

“那天，我们坐在TB—20初级教练机的驾驶舱里，一直处于亢奋状态。在飞行教官的指导监护下，小心谨慎地操纵飞机，顺利地完成了第一个起落。”赵鹏想起当年的情景，仍很激动。

在飞行60多小时后，3人被批准放“单飞”，也就是一个人单独驾驶飞机上天。“头一次放单飞，发动机一轰鸣，脑子倏地一片空白，后来紧张的心情才平静下来。”赵生回忆说。11月，他们又转入美国派珀公司生产的夏延－IIIA双发高级教练机的飞行，从飞单发活塞式发动机开始，继而飞双发涡轮螺旋桨发动机，训练也从本场仪表、起落、空运等科目转向航线转场飞行。从夏延机上装备的GPS（卫星定位系统）导航设备到飞行航线，已与波音 737 等大型飞机相差不大。不久，他们又飞了其他机型，并驾驶 Y7－100 中大型运输机，先后转场武汉、重庆、长沙、上海、洛阳、桂林、贵阳、南昌和西安等地。

在广汉民航飞行学院两年，3 人的飞行时数达到了 332 个小时，以全优的成绩取得了民航总局颁发的 Y7－100 运输机副驾驶执照。1994 年 1 月，赵鹏、赵生和孙光炯通过了西工大研究生入学考试，取得了进入中国试飞员学院的最后一张入门证。

黄金堆出来的学生

中国试飞员学院成立于 1994 年，是由中国飞行试验研究院和西工大在中国的飞机城——西安阎良——合作建立的（对内称西工大试飞员学院）。学院学制为两年半，主要开展军用飞机飞行性能和飞行品质、民用飞机适航性、直升机飞行性能和飞行品质、特种飞行试验等四个方面的学习和研究。硕士试飞员的培养具有高投入、长周期、大工作量、理论与实践高度统一、难度高等特点。自孙光炯第一个入院，4 年之中学院也只招了 10 名硕士生试飞员，被人称为我国“最大的牌子，最小的学院”。

学院为每一位试飞员都配备了3名导师，一位教授基础理论的老师，由西工大的教授担任；一位教授专业理论课的老师，由航空工业总公司飞行试验研究院的研究员来担任；一位直接教授试飞技术的老师，主要由特级试飞员来担任。

他们的理论基础课是在西工大上的。不过作为学生，他们却从未住过学生宿舍，而是住在学校带有卫生间的宾馆里；他们也没有和其他的同学一起用餐，他们的伙食标准是每月900元。

由于专业的特殊性，他们在学习一些理论课的同时，还要不停地飞。根据要求，他们每年至少应有100个小时以上的飞行记录，而且不能间断。于是他们的课就只能上一阵，停一阵。只要不飞了，学校马上安排上课。因此包括英语、数学等课，他们都享受了“小灶”：一个老师教一两个学生。

第一个入院的孙光炯回忆了当初的不适应：“在飞行学院，要求能眼观六路，耳听八方，而到试飞员学院，则要坐下来听课、学习，显得特别不适应，总坐不住，足足两个月才适应过来。”

有人说，试飞员是用黄金堆出来的，这话并不过分。美国培养一名试飞员投入资金是100万美元，英国是60万～70万美元；而我国每人的培养费用约为250万元人民币，相当于培养200名普通硕士的费用。这些费用，大部分花在了飞行训练上。与此相应，只要他们上天，机场的地勤人员就必须全部到岗，再加上有关老师（仅理论课的老师就超过了30人），直接为他们服务的人员不下200人。

他们在享受“特权”的同时，也必须遵守一些特殊的规定：飞行前一宿要早睡，飞行前48小时内不能饮白酒、24小时内不能喝啤酒，每天晚上10：30分前必须就寝……

空中历险

试飞就是挑战飞机的极限。没有朝霞飞舞、白云摩肩的浪漫情调，而是在安全飞行边界、失速速度、荷兰滚、空中最小操纵速度、最小离地速度、失配平等各种危险状态下，去体会什么叫反应敏捷、大智大勇，在与死神一次次格斗较量中，展示人类征服自然的伟力！

孙光炯为做“民用飞机失速试飞技术研究”学位论文，驾机共进入348次失速状态（即飞机保证正常状态的最低飞行速度），在试飞教员的指导和同伴的帮助下，分别测试了机翼水平失速、盘旋失速、单发失速等状态下的有关数据。他们3人的论文“含金量”堪称中国硕士论文之最。孙光炯给笔者讲述了他最为难忘的一次历险。

1996年8月，他与试飞教员、航空工业总公司试飞局特级试飞员孟宪珍试飞“单发失速”，即测试飞机在空中关掉一个发动机时，能达到的最低速度。在试飞风险度上属于最高的一类风险。刚刚关掉一个发动机不久，飞机突然失控，来了一个110°的倾斜，飞机几乎倒扣过来了。亏得老孟经验丰富，采取紧急应变措施，迅速将飞机姿势纠正了过来。下了飞机才得知，如果再晚几秒钟，飞机就会进入“尾旋”状态，也就是说飞机会打着旋朝下掉，如果出现这种险情，就很难摆脱了。他们最多每天要飞5个多小时，飞机一般都在4 000～5 000米的高空，机舱内又无氧气，酷暑难耐。飞满48小时任务后，由于长期疲劳，孙光炯与孟宪珍都病倒了，小孙还得了病毒性心肌炎，至今还在恢复之中。

对于这些，孙光炯非常感慨：“刚开始觉得有点苦，但看到老孟、老胡（另一个特级试飞员），一个59岁，一个54岁，在那样的天气里还穿着连体试飞服带我一起飞，就非常感动。我们没有理由不好好练。”

像孙光炯这些经历，赵鹏和赵生也都经历过。1997年夏天，赵鹏和赵生做科研训练飞行。在宽阔的停机坪上，烈日将飞机晒得滚烫，座舱温度接近50℃，操作时甚至要戴着手套——飞机出事，大多是出现“空中停机”。一次在试飞途中，赵鹏与赵生的飞机发动机突然停止了工作，幸亏处理得当，没有酿成严重后果。但两人着实吓了一跳。

问赵鹏的爱人怕不怕，这位毕业于北京航空航天大学的河北姑娘爽朗地说："我是学航空的，对试飞也比较了解，了解了就不怕了，现在的防备措施都比较好，一般不会出什么事。再说，这是赵鹏喜欢的事业。"

两年半时间，他们先后完成了 800 个学时的学位和非学位课程的学习，飞完了民航飞机合格审定试飞中要求的飞行性能和飞行品质科目，平均每人飞行 170 小时以上。除孙光炯因身体不适暂未飞行外，赵鹏、赵生已取得民航总局颁发的 Y12 正驾驶执照。

据悉，毕业后，3 位新的硕士试飞员将参加我国目前正在研制的新一代 100 座客机的试飞工作。新的挑战在等待着他们。

（执笔人：徐澄）

培养我国首批飞行力学博士的“伯乐”

陈士橹是我国著名飞行力学专家和航空教育家，他创建了我国飞行力学学科，在国家航天重大工程项目中卓有建树，培养了我国第一批飞行力学博士。

在名师眼中每个人都是人才，关键是如何培养他成才。陈士橹的育人实践也许就说明了这一点。

陈士橹，是我国著名飞行力学专家，俄罗斯宇航科学院外籍院士、中国工程院院士，西工大宇航工程系、航天学院的创始人。他长期从事飞行器飞行力学与控制的研究，在飞行力学、空气动力学、自动控制与结构弹性的交叉学科研究中建立并完善了一些新的理论和方法，解决了相应的工程技术问题，并已在一些航空航天院所得到应用。作为我国航天科技教育领域的开拓者之一，他在极端艰苦的条件下创建并长期领导宇航工程系。他不仅为我国的航天事业辛勤耕耘，立下不朽的功绩，而且倾心于教书育人，培养了一批批航天精英。

现任西工大副校长的袁建平教授是陈士橹培养的我国第一名飞行力学博士，他对于导师陈士橹院士的学识、为人、教书育人的师德风范深感敬佩：“如果老师的一个学生能干，那不能说明这个老师的高明，陈老师之后带的博士生也都是非常有成就的，这就说明了老师的高明。”

不拘一格纳人才

1981年11月26日，我国首批博士和硕士学位授予单位及导师名单经国务院批准，由国务院学位委员会下达，西工大飞行力学专业被批准为博士学位授予单位的学科、专业点，陈士橹教授被批准为我国首批博士生导师。这一年，陈士橹教授招收了他的第一批博士生——袁建平、熊笑非。

左为熊笑非，右为袁建平

从学科发展角度来讲，陈士橹当时就已经关注到了学科的融合和交叉，因此在招收学生时并未严格要求生源来自本专业。袁建平就是从一般力学专业硕士毕业后考入飞行力学学科的博士生，在硕士阶段的研究方向有些偏理。陈士橹认为虽然他在专业课方面有些欠缺，但由于多学了一些数学、力学方面的课程而有互补之处，有利于在飞行力学学科的发展。正是陈士橹不拘一格的纳才思想，袁建平并未受跨专业影响成为陈士橹教授的第一批博士生。

熊笑非是陈士橹亲手培养的硕士研究生，他能够继续攻读博士研究生，不能不说是陈士橹爱才所致。熊笑非原本打算硕士毕业就参加工作。但陈士橹对熊笑非硕士期间的学识和能力非常欣赏，认为他是个可塑之才，有较大的发展空间。就在熊笑非读完硕士，准备回家乡工作之际，陈士橹适时动员他继续深造、读博士。他告诉熊笑非："读完博士，将来还可以工作，但工作后再读博士难度就大了。"陈士橹的劝说让熊笑非改变了想法，他决定参加博士生入学考试。复习期间，遇到数学分析等难题时，熊笑非主动到陈士橹家请教，陈士橹教授也总是耐心细致，讲解得非常清楚。最终，熊笑非顺利通过博士生入学考试，成为陈士橹教授的第一批博士生。

宽严相济育英才

陈士橹根据袁建平和熊笑非两人不同的专业基础，制定了两个不同的培养方案。他针对袁建平是从一般力学专业考入飞行力学专业的实际情况，在给他制订的学习计划中，有多半年的时间学习专业课，以弥补他在飞行力学专业的劣势。

在完成学位课程学习之后，陈士橹着手指导袁建平和熊笑非进行论文选题。他为他们选的课题方向是弹性飞行器的飞行力学。弹性飞行器的飞行力学涉及古典的飞行力矩加上控制、材料、结构，对原来的飞行力学专业是个很大的扩充，特别是当时现代控制理论在飞行力学中刚应用不久，就已经融入到陈士橹为袁建平和熊笑非选定的研究方向中去了。陈士橹为袁建平和熊笑非选定的课题非常具有前瞻性和实用性，直到现在也是很多预研项目里的重要支持课题，国家还在以重点项目支持。袁建平毕业后能成功申请到"国家自然科学基金"和

"洪堡奖学金"，也得益于他做过这方面的工作，并取得了一定的研究成果。

陈士橹在培养博士生的过程中，注重的是学生的研究能力、研究方法及思维方式等，对博士生课程的考试成绩并不是太看重。他只给袁建平和熊笑非提供一个宏观方向，细节上不作规定，但要求他俩每两周上交一份书面材料。这给袁建平留下深刻的印象，就此他回忆道："那时候，我们教研室也就一间房子。我爱去教研室，熊笑非爱去图书馆，陈老师根本不会知道我们在哪儿，什么时候来，什么时候走。但是每两个礼拜，研究工作有进展，哪怕是两页纸甚至一页纸，你拿给他看，他就会了解得很清楚，判断你做的到底有没有问题和意义，并且会指出你下一步的工作。"

为帮助袁建平和熊笑非开阔视野、拓宽思路，更好地开展论文研究，1984—1985 年期间，陈士橹先后带领他们参加在杭州、太原等地的全国飞行力学学术年会，为他们顺利完成博士论文研究提供了良好的学术交流机会。

在陈士橹的悉心指导下，1985 年初，袁建平和熊笑非经过刻苦钻研、勤奋努力，认真完成了博士论文。论文中渗透着他们严谨、细致的学风，也凝聚着导师陈士橹的心血。论文通过评审后，他俩一前一后进入答辩程序。为组织好首批博士答辩，陈士橹非常重视也非常慎重，他专门从北京航空航天大学前后两次邀请飞行力学领域的知名专家张桂联教授、赵震炎教授参加袁建平和熊笑非的博士论文答辩。面对众多的飞行力学界的泰斗，袁建平和熊笑非以其渊博的才学、深厚的理论功底以及扎实细致的研究取得的具有前瞻性的成果，赢得了大家的肯定和好评，他们的论文答辩获得了圆满成功，成为陈士橹亲自培养的我国第一批飞行力学学科博士。

1985 年 3 月 28 日，西工大为袁建平和熊笑非等 7 位博士生隆重举行了毕业典礼，袁建平和熊笑非为两人能成为首批博士感到欣喜和自豪，陈士橹也为他的两个弟子感到骄傲，他们脸上都洋溢着难以掩饰的喜悦。

师德巍巍铸栋才

作为陈士橹的博士生，袁建平和熊笑非不仅学到了相关的专业理论知识，开展了相关领域的研究工作，而且体会到了先生高尚的师德。熊笑非回忆道：陈先生对待学生就像对他的子女一样，我第一次喝龙井茶就是在陈先生家中。作为一个学生能够喝上那么名贵的龙井确实是一件不容易的事情，也使得我事过近30年仍记忆犹新。到陈先生家吃饭对他的学生来说更是经常的事情。

陈先生是一位非常和善、对学生仁爱有加的导师，在做人做事方面，是中国知识分子优秀传统美德体现最完美的一个人，是一位用自己的做法影响别人的导师，一位非常慈祥的老人。陈先生为工作、为事业尽职尽责，认真守时，当系主任时非常正直，非常优秀。

陈先生很少批评学生，而是采取指导、引导学生思考的方法，让学生从中领悟不足和问题所在。他教诲学生从没有发过一次火，总是点到为止。他是一位非常受人敬仰的老师，对他人非常好，学生都以陈先生作为楷模。

熊笑非博士毕业后分配到北京空军某科研单位工作，陈士橹每次到北京开会，熊笑非知道后都要主动联系，非常想请导师陈士橹到他家中吃顿饭，有时候饭都已做好，陈士橹也会婉言谢绝。2005年陈士橹赴北京参加院士大会，事先并没有告诉熊笑非。熊笑非几经打听才了解到陈士橹的住所，但当他赶过去时，陈士橹已经离开宾馆，启程回西安。陈士橹教授就是从来不愿麻烦别人，即使是自己的学生。

陈士橹以其宽博的专业知识、独特的方法和耐心的指导培育了一批又一批优秀的航天人，而其严谨的科学态度和高尚的品格也同样深刻地影响着他学生们的工作和生活。虽然随着年龄的增长，陈士橹会渐渐离开一线工作，但他为祖国培育的一批批航天精英会铭记导师的谆谆教诲和殷切希冀，为祖国航天事业的蓬勃发展而奋斗！

（执笔人：鲁卫平）

精确打击的训练“神器”

周凤岐研制的红箭73模拟训练器，在中国反坦克导弹的发展历史上功不可没。它的使用大大提高了部队战斗训练精度，缩短了训练周期，保证了实战中红箭73反坦克的极高“命中率”。

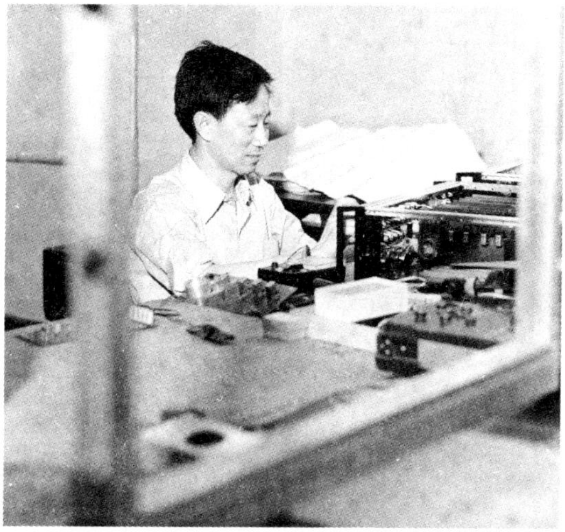

在西工大航天学院的微小卫星实验室，陈列着一台红箭73模拟训练器。它虽然外形简单，只由一架望远镜、两个方形框架和导轨组成，但却在中国反坦克导弹历史上留下不可磨灭的一笔。正是经过这套模拟器的训练，中越战争时，射手保证了相当高的命中率，为战争的胜利提供了有力支持。周凤岐便是这套模拟训练器的设计者。

20世纪50年代末60年代初，由于中苏关系的恶化，苏联大量的坦克装甲车辆在中苏边境虎视眈眈。中国前线部队对反坦克武器的要求极为迫切。当时，全国有 4 个工厂在生产反坦克导弹，每年能生产上万发弹。战士在训练时，先经过模拟训练器的练习和考核，再进行实弹练习。当时，部队装备的还是仿制苏联的光点打光圈平面式的模拟训练器，训练效果不好。周凤岐对反坦克导弹非常感兴趣，经常到训练基地参观战士打靶训练，他认为模拟训练器应该改用立体式弹道。虽然炮兵鼓励周凤岐设计新的模拟训练器，但由于无法在国防工业部立项，周老师起步费只有从学校财务处借来的 8 千块钱。

怎样体现立体弹道，周凤岐想了很久，最后决定用钢丝软传动系统，一个焦点就是目标或导弹，可以在二维平面移动。然而，周凤岐设计的两台模拟器还没有加工，从学校借的钱就已花光，并由于上次借的钱未还，学校冻结了周凤岐的经费，他便掏出自己的工资。为节省经费，周凤岐亲自安装元器件、组装模拟计算机。他买来电阻电容晶体管的废品，一个个测量和筛选。自己设计排版后，用非常原始的方法制作电路板：每一个运算表都自己画在硫酸纸上，再刻到 PC 板上，然后油漆印刷、腐蚀和焊接。起初，还有几个人跟着周凤岐一起做，但由于缺少经费支持，慢慢地都离开了，只剩下一个钳工师傅。周凤岐不仅缺乏资金和助手，还没有固定的工作地点，哪有空闲地方就借用，学校原一号楼的楼顶和图书馆的书库都曾是他的工作地点。从 1976 年开始研制到 1978 年底研制成功，周凤岐工作不分白天与黑夜，也几乎没有节假日。由于物资匮乏，半夜回到家，家人也只能为他提供很简单的食物。

1978 年底，这两台模拟训练器组装好，被运到河北蔚县反坦克导弹训练基地，通过这套模拟训练器训练和考核的射手打实弹的首发命中率达 80%以上，比国外高出 20%！时任中国炮兵副司令员孔从周在总结经验时讲到："为什么我们的首发命中率这么高？就是因为用了西工大周老师的模拟训练器！"西工大在炮兵也随之名声大振。回到北京后，孔副司令员向学校领导和周凤岐下达通知，要求把模拟训练器尽快定型装备部队。此时，有了学校资金和工厂的支持，半年内12台模拟训练器就通过了军品要求的考核，装备部队。以此为基础，周凤岐又对模拟训练器进行改进，在1981年初研制和生产了体形更小的二型模拟训练器装备部队。每台模拟训练器售价高于5万元，而当时学校老师一年的奖金也不过20元，为学校的工厂带来了不小的利润。正是这批模拟训练器在中越战场上发挥了重大作用，射手们命中率近100%，立了战功。二型红箭73模拟训练器被成功评为国家发明三等奖。1985年，单片机的出现，解决了模拟计算机零点漂移的问题。周凤岐也将模拟训练器中的模拟计算机替换为单片机，研制出三型训练器，生产了大约40台。至此，红箭73模拟训练器3个型号共生产了约130台装备部队。

从20世纪70年代开始，周凤岐坚定了"国家的国防和建设要靠科学技术"的信念，一直为部队研制产品，硕果累累，红箭73模拟器只不过是他众多成就中的一项。他还成功解决了红箭73导弹载地的问题，我国第一代巡航导弹上所采用的舵机和激光加速制导也是他的技术。2012年底，随着周凤岐的最后一个博士生毕业，他培养的博士生已近80名，硕士生更是人数众多。年近80岁的周凤岐精神依然矍铄，每天上班，身上的课题任务也很重，他说："我想带出一支队伍，把我的学术思想和经验告诉这些年轻人。我们还要建立一套新的国内最好的实验设备。"

周凤岐于1954年本科毕业后，考入华东航空学院飞机系学习，1956年随航院迁西安，1958年在西工大转入飞机结构力学研究生学习，1959年到北京工业学院进修导弹控制专业，随苏联专家学习。1960年他回西工大任教，1981年晋升为导弹制导与控制专业副教授，1985年晋升为教授，博士生导师。兼任第二炮兵工程学院教授，国家863/409/4专题论证专家组成员，校学术委员会委员。周凤岐现任中国宇航学会空间运载系统专业委员会委员，曾任原国家教委科技委热能机电仪自控学部成员，原国家教委授予高等学校教授、副教授评审权咨询专家，国家博士学位和硕士学位授权点的函评专家，陕西省出版委员会专家组成员，西工大职称评审委员会委员。

周凤岐教授长期从事教学和科技工作，自1985年以来，先后培养硕士生和博士生各80余名。先后主持和完成国家自然科学基金项目、国家教委博士学科点基金项目共15项；主持和完成的各类国防科研项目20余项。获得国家发明三等奖1项，部级科技进步二等奖3项，三等奖5项。在自筹资金研究激光制导技术和相关的导弹技术方面有重大突破；在"变结构自适应控制理论及应用研究""激光制导技术""高精度电机伺服系统"等方面做出突出成绩。曾被评为省劳动模范、省优秀教师、航空航天工业部有突出贡献专家，享受政府特殊津贴。

（执笔人：李新国）

名师出高徒

蔡体敏、吴心平在固体火箭发动机研究方面卓有建树，为我国培养出了第一位固体火箭发动机学科博士。

2013年6月11日17时38分，我国改进型“长征二号F”遥十运载火箭在酒泉卫星发射中心成功地将“神舟十号”飞船送入预定轨道。由航天四院承制的逃逸固体发动机在火箭发射120秒后可靠点火工作，圆满完成了逃逸塔分离任务，有力地保证了遥十运载火箭发射成功和“神舟十号”飞船的精确入轨。航天四院副院长侯晓在发射现场的指挥大厅目睹了这一壮举。随后，侯晓与全体在场的参试人员，受到习近平总书记的亲切接见并合影。

侯晓是西工大蔡体敏、吴心平教授培养的我国第一位固体火箭发动机学科博士。

一

蔡体敏，1933年12月出生于浙江省鄞县，1957年毕业于西工大航空发动机系。1965—1988年任西工大宇航工程系副主任、系主任；1989—1992年任西工大航天工程学院院长，燃烧流动与热结构国家级重点实验室主任。40多年来，他一直从事航天推进理论与工程学科的教学与科研工作，是西工大宇航工程系主要创建人之一。

蔡体敏教授（图左 1）指导学生实验

他主持研制的固体火箭发动机喷管扩散段内衬烧蚀传热计算、固体火箭发动机翼柱型装药内的三维流动仿真等项目的研究达到国内领先、接近国际先进水平；强制偏流喷管的理论与实验研究项目成果达到国际先进水平，其中强制偏流喷管三维流场数值计算居国际领先水平。1992—1995 年，他负责筹建的燃烧流动与热结构国家级重点实验室达到国内领先水平，其中 X 射线实时荧屏高速动态分析系统、冷流模拟的相位多普勒粒子分析测试系统具有国际先进水平，该实验室已成为国内培养高层次人才和进行应用基础研究的一个重要基地。1990 年，蔡体敏培养出我国第一位固体火箭发动机学科博士。名师出高徒，侯晓现已成长为我国固体火箭推进技术新一代领军人物之一。

吴心平教授（图右 2）与学生交流

二

侯晓，1963 年出生于陕西省宝鸡市岐山县的一个普通的农民家庭，1980 年，在填报高考志愿的时候，侯晓第一眼就被西工大导弹系所吸引，凭借实力顺利进入西工大航天学院固体火箭发动机专业学习。在一次聆听归国教授蔡体敏、吴心平的学术报告时，他被固体发动机领域的成果和技术所深深吸引，更对当时国内外的技术差距感到震撼。也就是在那时候，他立志要为中国固体动力事业的发展而奋斗。

1984 年，侯晓考取了西工大固体火箭发动机专业硕士研究生，毕业后又继续攻读博士学位，而导师正是西工大副校长吴心平和宇航工程系主任蔡体敏。蔡体敏给他传授知识，精心指导科研，他像汲不满的海绵一样不断充实自己。而他记忆最深刻的就是蔡体敏说的："科研工作来不得半点马虎，将来从事的火箭研究更是如此，失之毫厘，差之千里。"这句话不仅是他整个硕士及博士学习期间的警言，更是被他深深地植入到自己的一言一行中。蔡体敏对他的学位论文进行了认真细致的指导，对其所写的论文做了详细的审阅，提出了修改与补充意见。可以说，蔡体敏教授的严谨、认真，影响了他的一生。

1990 年，风华正茂的侯晓成为中国第一位固体火箭发动机学科的博士，从西工大毕业了。有"全国第一位"的头衔戴在头上，他有很多的工作机会可选择，那些职位中不乏都市的诱惑和高薪的吸引，但他毅然舍弃了繁华的都市，舍弃了令人称羡的高薪，选择了"科技兴国、以武御侮"的航天固体火箭发动机事业，进入中国航天科技集团公司第四研究院工作。之后 20 多年一直从事固体火箭发动机研究与设计。固体发动机作为固体洲际导弹推进动力，其性能直接决定了导弹的性能和水平，要求能量高、结构轻、长期贮存安全可靠，由于涉及国家安全战略，各国严格保密与封锁。在参考资料缺乏的情况下，自1999年以来，侯晓先后担任两个重点型号发动机总师，任某重点新型号发动机总指挥，主持研制三个战略型号固体火箭发动机，为我国第二代、第三代固体洲际核导弹建设做出了重大贡献，成为我国固体火箭推进技术的新一代领军人物。

（执笔人：李威）

我国水中兵器教育事业的奠基人

黄震中，创建了我国高校唯一的水中兵器学科，制订了我国第一部水中兵器专业教学计划。他十分重视实验基地和教材建设，撰写的《鱼雷总体设计》等是重要的经典专业著作和参考书。他在新型鱼雷的关键技术方面有众多重要建树，还培养出了我国第一位鱼雷专业研究生和两位中国工程院院士。

鱼雷是水下导弹，是海洋维权的重器。鱼雷又是高科技的产物，需要综合的技术和技术人员，然而对于成立不久的新中国在这方面是个空白。中国要自强自立于世界民族之林，就必须要有鱼雷。如今我国的水中兵器得到了长足的发展，这让我们想起了我国水中兵器教育事业的奠基人黄震中教授。

一

黄震中，1920 年 12 月 1 日出生在宁夏银川市的一个教师家庭。当时，宁夏在军阀马鸿逵的统治下，政治黑暗，经济落后，教育更为落后。但其父倾心发展教育，对子女教育尤为重视，要求他们刻苦学习，成才报国。在其父的感召下，在小学他学习一直名列前茅；在中学他成绩优异，每学期均得头等奖学金，并从初中三年级直接跳入高中二年级学习。1937

年夏，他中学毕业，满怀“科学救国”的鸿志，从宁夏千里迢迢赶赴北平（现北京）报考清华大学。但是日本侵略军发动了“七·七”卢沟桥事变，北平告急，清华大学被迫停招内迁。1938 年，坚定了“科学救国”决心的他决定报考内迁至重庆的中央大学。尽管从西北的银川到西南的重庆远隔千山万水，加之当时交通极为不便，中间横隔着被古人称之为“难于上青天”的蜀道天险，但他毅然踏上了千里求学的路程。时值抗战时期，物资紧缺，沿途汽车时有时无，每当没车可乘时，他就徒步赶路。特别是在翻越秦岭时，他以坚韧的毅力步行穿越秦岭，途中还遭遇劫匪，幸未伤及性命，最终到达重庆。这段艰苦历程，也磨炼了他稳重而坚毅的品德。1938 年 9 月，他考上了中央大学机械工程系。当时，内迁后的学校条件简陋，十分艰苦，住的是草屋，吃的是发霉的米，米中杂物很多，人们戏称为“八宝饭”。电力紧缺，只能在昏暗的桐油灯下坚持学习。而更让人难以忍受的是日军飞机对重庆日夜频繁的轰炸。为了躲避轰炸，不得不经常钻防空洞，正常的教学无法保证。有一次日本飞机轰炸中央大学，他们的宿舍被炸毁，衣物、书籍被炸得粉碎。目睹日本侵略者的肆虐，祖国山河破碎，同胞惨遭蹂躏，面对满目疮痍的断壁、狼藉遍地的衣物，更激起了他的民族义愤，激发了他抗日救国的决心。

1942 年，黄震中从中央大学毕业，正值抗日战争的紧张阶段，前方急需枪炮弹药。他与同学一起投入到正为抗日前线的中国军队赶制武器弹药的大渡口钢铁厂工作，为支援抗战贡献出了自己的力量。

抗日战争胜利后，黄震中到兰州工业研究所工作。工作中，他愈发感到中国工业和科学技术的落后，学习西方先进科学技术、探索民族富强之路的愿望更加强烈。1947 年，经过考试选拔，他以优异的成绩考取了公派出国留学生。他远涉重洋赴美国依阿华州立大学（The Iowa State University）攻读机械工程专业。他如饥似渴地学习，仅用一年的时间，就读完了学校原安排在一年半内的学习内容。1948 年 12 月，他提前获得依阿华州立大学硕士学位。学有所成之时，他没有忘记灾难深重的祖国，他决心用学到的科学技术为祖国的富强贡献出自己的力量。

1949 年春，解放战争的炮声震撼着中国大地，新中国的曙光已在东方升起。这时黄震中面临着回国或留美两种截然不同的选择。当时，国民政府驻美国大使馆通知他：鉴于国内的局势，可以申请留居美国。一些同学也动员他留下。但是，怀着报效祖国、振兴中华决心的他毅然放弃在美国的优越生活，赶上国民政府给留学生签发的最后一批名单，于当年 4 月搭乘客轮返回了祖国。

回国后，黄震中一面在兰州工业研究所工作，同时受聘于兰州大学，时年 29 岁，成为该校最年轻的教授之一。1949 年秋，解放军挺进西北，兰州解放在即。原兰州工业研究所所长突然将全所工作交付于他，而私自离去。鉴于当时情况十分复杂，一些人妄图破坏研究所的设备，阻止解放军接管，他便组织全所人员认真保护好所里的全部资产。兰州旋即解放，他将其完整地移交给人民解放军代表。为此，军代表给予他高度的评价。他倍感振奋，从军代表身上感受到党对知识分子的关心和信任，更看到新中国的希望。

新中国成立之初百废待兴，急需各类建设人才。黄震中欣然辞去兰州工业研究所的工作，全力投入到兰州大学，为国家培育急需的科技人才。从此，开始了他献身国防教育事业的新篇章。

二

1956 年根据海防建设的需要，国家决定在西北工学院建立水中兵器系。黄震中受命筹建我国普通高校唯一的水中兵器系，并被任命为系主任，主持建系的各项工作。初创时期，师资队伍、教材、教学计划、专业实验室等一无所有，均需从零开始。为了尽早培养出国家急需的水中兵器高层次专业人才，学校决定当年即刻开始招生，建系的任务异常紧迫和繁重。黄震中与筹备组成员首先前往设有相近专业的有关院校进行调研，立即着手制订了专业教学计划及建系规划。同时，积极选派教师外出进修学习。1956 年 8 月，他率领中青年骨干教师 20 余人，前往军事工程学院相近的专业考察并研修学习。在此期间，他还多次深入部队和基地，搜集资料，调查海军装备的状况，听取部队对人才、装备发展的意见。

1957 年，国务院决定将西北工学院与西安航空学院合并，成立西工大，水中兵器系全部转入西工大。为了学习和吸取国际先进技术和经验，国家聘请了苏联专家来校工作。黄震中率领青年教师，在消化和吸收苏联教学计划的基础上，制订了我国第一部水中兵器专业教学计划，开创了我国普通高校系统进行水中兵器高层次人才培养的先河。

1958 年，他根据专业建设配套的需要，提议在该系增设水声工程等两个新专业。至此，形成了一个相互配套的水中兵器专业群，并为该专业今后的发展奠定了坚实的基础。

三

在积极培养人才的同时，我国水中兵器科学研究工作相继展开。鱼雷是水下导弹，是海洋维权的重器。除了与航速航程密切相关的能源动力技术以及与目标探测识别密切相关的自导技术外，鱼雷的总体技术与鱼雷流体力学、航行力学及结构力学密切相关。黄震中教授自 1956 年受命建立我国培养高层次设计研发人才的水中兵器系开始，就承担起了鱼雷总体设计的重任，建立起鱼雷总体设计体系，成为我国鱼雷总体设计技术的重要奠基人。过程现在三言两语就描述了，然而当时的工作却是繁重而艰难的。

鱼雷总体设计涉及面广，主要包括满足鱼雷战术技术性能指标的鱼雷构型设计和鱼雷结构设计。黄震中带领学术团队自 20 世纪 60 年代起在我国率先开展了鱼雷构型、流体外形以及结构的优化设计理论方法和计算机辅助设计技术的研究，建立了针对鱼雷总体构型设计和结构设计的一系列数学模型和计算方法，不仅取得创新理论成果，还研发了一批相关计算软件，成为后续科学研究和工程设计的有力工具。在此基础上，他还针对鱼雷如何在水下流体环境中满足战技性能指标要求，综合多方面的技术，结合国际先进经验和我国的国情，形成了鱼雷总体设计的体系，并撰写了有指导意义的学术专著。早在1962年，黄震中教授就撰写了我国第一部有关鱼雷总体设计的教材，培养了我国第一代鱼雷总体设计人才。后来经过不断充实完善，于1982年出版了《鱼雷总体设计》。30多年来，该书一直是我国水中兵器行业高层次人才培养的教材和科技人员的重要参考书，是我国鱼雷总体设计的经典著作，对我国鱼雷总体设计高层次人才培养和科学研究的发展发挥了无可替代的重要作用。

鱼雷流体力学是鱼雷设计和性能分析的重要基础。早在20世纪40年代，苏联专家就建立了基于平板理论和经验公式的鱼雷升力模型及计算方法，但实际上鱼雷是一个带有鳍舵的细长回转体，用苏联专家的模型计算实际的鱼雷升力有很大的计算误差，严重影响鱼雷总体设计的正确性和鱼雷运动特性和跟踪弹道的预测和计算的有效性。针对这一重要问题，黄震中指导我国该学科首批研究生开展了鱼雷升力建模和计算方法的研究，在大量理论研究和计算分析的基础上，建立了基于细长体理论和组合体方法相结合的鱼雷升力模型，并给出了基于该模型的计算方法，还针对这一模型进行了大量的风洞试验，进一步验证和完善了新的鱼雷升力模型和计算方法。用新方法计算实际鱼雷升力的准确度比用苏联专家方法的结果提高了15%以上，取得了鱼雷升力建模及计算方法的重要突破，显著提高了我国鱼雷总体设计和鱼雷运动特性预测的准确性和学术水平。

鱼雷外形设计是鱼雷总体设计中的重要环节，它直接影响鱼雷的流体动力特性和多方面的战技性能。黄震中教授带领课题组采用适当分布的空间源和汇与均匀流的叠加来模拟绕流鱼雷体的流动，得出绕流鱼雷头部的流线方程，并在此基础上推导出计算鱼雷表面流速和压力分布的方法，具有重要的工程应用价值，并在行业内得到推广使用。

鱼雷的快速性是鱼雷运动性能的重要指标，其中如何设计出具有最小阻力外形的鱼雷是减阻的重要环节。黄震中教授带领课题组首先根据鱼雷的特点，建立了最小阻力外形最优化数学模型，确定了设计变量、目标函数和约束条件计算式，并提出了最小阻力外形多参数数值优化方法，研制了优化计算软件，并得到了多种设计方案下的鱼雷雷体最小阻力外形的优化模型。研究成果在鱼雷的工程设计和研发改造中发挥了重要作用。

鱼雷航行力学是鱼雷运动性能分析和研究的重要理论基础。黄震中在鱼雷流体力学研究的基础上，结合鱼雷稳定性、机动性和快速性的要求，开展了鱼雷航行力学方面的深入研究，建立了与鱼雷总体性能密切相关的模型及计算方法，取得了有应用价值的创新研究成果。

鱼雷流体动力布局直接与鱼雷的运动性能密切相关。鱼雷的回转半径越小，则鱼雷的机动性能越好。黄震中率领课题组从改善鱼雷机动性出发，对满足一定动稳定条件下具有最小回转半径的鱼雷流体动力布局及构型优化问题进行了卓有成效的研究，提出了多种优化计算方法，可计算出各种约束条件下的最佳外形组合方案，实现鱼雷在满足一定动稳定条件下的最小回转半径。该方法对新型鱼雷的设计和进一步提高我国现有鱼雷的机动性提供了有效的技术途径，受到行业的重视和推广。

提高鱼雷的机动性是提高鱼雷战技性能的重要方面。黄震中对提高鱼雷机动性的关键技术，尤其是产生操纵力和力矩的鱼雷鳍舵尾组结构对提高鱼雷机动性且减小横滚影响的问题进行了深入的研究。他首先建立了水平面内鱼雷机动航行的完整数学模型，推导出两种鱼雷回旋半径的计算公式，并总结出航行速度与横倾角和回旋半径之间的关系式，给出了可减小横倾的不对称垂直鳍舵及副舵的结构设计，为工程设计选择鱼雷外形参数和衡重参数、确定流体动力布局和鳍舵结构提供可靠的依据，促进了鱼雷总体工程设计和性能分析水平的提高。

鱼雷的总体外形及结构参数与鱼雷的运动特性密切相关。黄震中率领学科组对此开展了有成效的研究工作，首先给出了相关的计算模型和方法，研制了由总体参数预测鱼雷性能特性的软件。该计算方法和软件填补了我国在该方面的一项空白，成为进行全雷总体参数多目标优化的有力工具。

鱼雷结构力学是鱼雷结构设计的重要理论基础。鱼雷壳体设计是鱼雷结构设计的重要组成部分。黄震中自 20 世纪 60 年代起在深入分析鱼雷壳体所受外部载荷所产生的各种压力、剪力和弯矩的基础上，逐步建立起包括壳体形变弯曲的微分方程及其解、耐压强度计算方法、壳体受力稳定性计算方法和壳体开孔的强度计算方法以及材料选型等在内的完整鱼雷壳体结构及部件设计方法，成为鱼雷工程设计的重要依据。他还率领学科组开展了鱼雷耐压壳体结构的最轻重量设计、大深度反潜鱼雷壳体设计等鱼雷壳体结构优化设计技术的研究，提出了一系列优化设计方法及辅助设计软件，取得了有重要价值的研究成果，有效地提高了相关工程设计的技术水平和效率，成为鱼雷工程设计中的重要工具。在此基础上，他还提出了改进深潜鱼雷壳体设计的有效技术途径以及我国反潜鱼雷壳体发展的思路和建议，受到上级领导机关及行业的高度重视。

可见，在鱼雷设计的各方面，黄震中都有很深的造诣。

四

实验室建设是专业发展的重要组成部分，是教学和科学研究的基地。1956 年建系时，没有一个专业实验室，实验室如何建，均无样板可循。黄震中带领全系教师集思广益、创新设计，并多次召开实验室建设研讨会，先后设计建造成一批水平先进、特色鲜明的专业实验室。其中，有的是全国独一无二的，有的是当时苏联也没有的。这些实验室主要有：由本系独创的卧式水槽实验室，后来发展为亚洲稳流速最高的水洞实验室，为开展鱼雷流体力学及结构特性研究提供了先进的研究手段；当时我国首创且最先进的透明空投水槽实验室，并配有国际先进水平的高速摄像机，是开展鱼雷入水流体动力特性研究的有力工具；消声水池实验室，以后发展为大型消声水池，模拟无限大的海洋环境，成为水下声学技术研究的重要基地；为了深入进行鱼雷航行力学及弹道特性研究，建立了鱼雷运动模拟实验室；水下物理场实验室，该实验室后发展成舰船声、磁、水压物理场仿真实验室；另外还建有鱼雷发动机马力试验台、声呐实验室等 20 多个实验室。这些实验室的建立不仅为高年级学生开设了各种专业实验，满足了教学的要求，而且为以后开展科学研究提供了重要保障。后续完成的许多国家重点科研项目，就是充分利用了这些先进的实验条件。这批具有特色的专业实验室的建立，显著提高了全系在教学和科研方面的研究能力和学科水平，为后期建成的国家级重点实验室打下了重要的基础。

教材建设是所有教学中的重要环节。黄震中清楚地认识到，办好专业必须有与之配套的高质量教材。当时全系有四个专业，均是新中国成立后新设立的。除基础课外，没有能使用的专业教材，即使能借鉴的教材也难以找到。这就给专业教学造成很大的困难。由于当年建系，当年招生，编写出供学生使用的专业教材迫在眉睫，所以作为当时系主任的黄震中承受的压力就更大了。在黄震中的领导下，首先制订了各专业的教学计划。然后他带领全系教师，根据教学计划制订出每门课的教学大纲，同时搜集相关的资料，并结合苏联专家的讲学内容，自主编写教材。经过努力，按时为首届学生开设了各门专业课程。黄震中除担任系主任外，自己为高年级学生讲授“鱼雷总体设计”课程，在吸收国内外有关资料和最新研究成果的基础上，撰写出《鱼雷总体设计》一书，该书成为国内在鱼雷设计方面具有开创性和重要影响的专著，被从事该专业的科技工作者广泛使用和参考。同时，他还指导教师编写了《鱼雷航行力学》《航行动力学》《鱼雷流体力学》《鱼雷外形计算》《鱼雷入水》《水下爆炸（力学）》《薄壳结构的基本理论》等 24 种与鱼雷流体力学、航行力学和结构力学密切相关的教材，后经修改于 1964 年由北京科教出版社出版发行。此外还出版了部分技术基础课的简印教材。至此，全系各专业的教材体系已全部建成，既填补了空白，又注意到内容的先进性，满足了高层次人才培养的需要，并为今后专业教材的建设和发展奠定了重要的基础。

五

黄震中一生忠诚于人民的教育事业，他创建的我国普通高校第一个水中兵器系 50 多年来，在教学、科研、师资队伍、学科建设等方面均取得了显著的成绩，后发展成为具有 2 个一级学科、2 个国家重点学科、2 个博士后流动站、6 个博士点、14 个硕士点、6 个本科专业的学院；已为国家培养本科生、硕士生、博士生及博士后各类人才 5 000多人，其中一大批人已成为我国水中兵器行业有关单位的领导和骨干；承担完成了一大批国家重点科研项目，其研究成果先后获国家一、二、三等奖 7 项，部级奖 70 多项；我国第一型主被动联合声自导鱼雷和第一型航空吊放声呐就是在黄震中的领导下，由这一批三十多岁的青年教师为骨干经过十多年的奋发努力而研制成功的。研究成果获国家科技进步一等奖。在此基础上，他们继续努力，研制成功我国第三代航空吊放声呐，获得国家科技进步二等奖。在黄震中的关心和培养下，青年教师队伍迅速成长，为国家培育了众多高等专业技术人才，相继完成了一大批重点科研项目，获得多项国家和省部级奖励，为我国海防现代化做出了重要贡献。其中包括他培养的我国第一位鱼雷专业的研究生——徐德民教授，现为中国工程院院士，以及我国水声专家、中国工程院院士马远良教授。

黄震中一生光明磊落，公道正派，严于律己，宽以待人。他担任系主任期间，不但关心教师业务水平的提高，还关心和帮助解决他们生活中的困难。20 世纪 60 年代，全国处在困难时期，大家生活都很紧张，当得知系里一青年教师家中刚出生的孩子缺奶时，他就将国家照顾高级知识分子而特殊供应他的牛奶，让给这位教师。有位实验员，家在农村，其爱人得重病，经济十分困难。黄震中知情后，将自己的工资拿给他，让他速回家探望，为其爱人治病。该同志感动至深，至今撰文缅怀。他关爱学生犹如子弟，系里有位学生因家境贫寒，生活困难，想要退学，黄震中得知后，解囊资助，帮助他克服困难，并鼓励他刻苦学习。

正是黄震中对师生无微不至的关怀使大家如沐春风，纷纷投身于我国国防科技建设。黄震中一生为我国国防科技和教育事业鞠躬尽瘁，死而后已，贡献突出。他所开创的事业正在发扬光大。

（航海学院　供稿）

大风大浪写春秋

徐德民，常年从事航海工程教育，开展远程水下自主航行器研制工作；带领团队研制成功了三种新型水下航行器，其主要性能国内领先并达到国际先进水平。他不仅培养了一批高素质的精英人才，更走出了一条“产学研”结合的创新之路。

进入 21 世纪，海洋权益、海洋开发和海洋环境成为世界各国普遍关注的焦点，争夺海洋国土、海洋资源和海洋通道的斗争更是日趋激烈。我国享有主权与管辖权的海域有 300 多万平方公里，这片“蓝色国土”是陆上国土面积的 30%。海洋是一个崛起的大国必须征服的战略区域。走向深海大洋，向海洋要发展、要安全，是时代的召唤，也必将成为 21 世纪国家发展战略极其重要的内容。

自主水下航行器是支撑探查和开发海洋资源、海洋科学研究、海洋工程作业的重要技术手段和装备。自主研发自主航行器关键技术和装备，形成海洋作业能力，将大大提高我国参与国际海洋竞争的能力，加速我国向深海进军的进程。对于长年从事航海工程教育科研的徐德民院士更深切地感受到这一切。

艰难的起步

1998 年，徐德民从学校领导岗位上退了下来，而以他已经获得的荣誉和取得的成就，完全可以享受安逸的晚年生活，但他没有这么做，而是把退下领导岗位作为自己人生的“拐点”，立刻回到了教学科研工作第一线，回到实验室，把眼光投向了祖国辽阔的海洋。

多年的教学与科研工作让徐德民认识到：我国海洋水下自主航行器技术水平还达不到国家战略要求。经过深思熟虑，他提出了一个新的思路与方案。因为这个项目立意新，技术先进，创新跨度很大；尚未正式立项，没有研制经费，研制条件又不具备，并且要在最短的时间内完成。所以有人提出质疑，而要得到上级机关的支持，又必须拿出实验结果。当时有的协作单位也认为投入太大、风险太大，婉言拒绝。也有人担心已经 60 多岁的徐德民面对如此大的风险，如果课题立项实验研究中出现困难，就得不到立项，无法继续研究下去，这会影响他的学术名誉。怎么办？但徐德民考虑的是国家需要，这个项目如果立项完成将对国家建设有重大的意义，个人得失不算什么，并且坚实的研究基础和项目管理经验使他觉得通过努力可以实现预期目标，通过计算研究、仿真试验研究结果证明了项目研究的可行性。

项目工程巨大，需要一支勇于攻关、善于创新的研究团队。因此首要任务是迅速组建一支水下航行器技术研发团队。于是在 1998 年科研项目起步之时，他就广纳贤才，打破专业界限，凝聚起一支由多学科组成的高水平科技创新团队。

徐德民院士（前排中）和他的创新团队

由于项目没有立项，没有国家等的经费支持，在预研阶段要贷款，因此，在此阶段是没有福利和津贴的，更没有年终奖金，还要按期归还高息贷款，这对于想参加这个团队的人来说是一个很大也很现实的考验。“想干事业的人就留下来！想四平八稳、怕担风险的可以退出！”这话中虽带有一点火药味，但表达了徐德民率性中的执着。一位资深科学家的大气、果断的气势，更有一种神圣而厚重的期望！在他的感召下，组建起了一支年轻的创新团队。他们是教授宋保维，副教授严卫生、刘明雍、胡欲立、潘光。他们在不同的专业方向各有所长。团队成立后，徐德民也感到了无形的压力。他说：带领一支年轻的创新团队搞这个新的重大项目，如果未取得成功，耽误了青年才俊的年华岁月，也无法对国家、学校和这些青年教师、学生及其家人交代！但他把巨大的压力变成攻克关键技术的动力，奋勇向前。

在他的精神感召下，1999 年 1 月 26 日，学校批复成立了航海学院水下航行器研究所。团队有了，机构也成立了，可面临着又一个重要问题：他们所研究的新型水下航行器根本没有科研经费。徐德民决定贷款把事业干起来！先期自行贷款160万元。借款创业？这可不是一件轻而易举的事，意味着事业只许成功，不许失败！要知道，当时他们的个人工资才六七百元啊！就连场地和设备条件也非常地差……这样的起步，何其艰难！

与时间赛跑

水下航行器平台集传感、导航、自动控制、通信、能源、推进等技术于一体，是近二十年来国际海洋工程技术发展的最杰出代表。其中小型自主航行系统近年来已成为环境观测和水下资源探查的重要工具。区域环境的动态变化对于特殊气候形成、灾害条件产生、污染起因、生物习性变迁以及实时战区警戒有着极其重要的影响。传统观测系统多采用固定于海底或者浮标的设置，不具备实时监视、在线重构、错误检测等功能，数据存储能力也有限，很难构成区域性、多变性、实时性环境观测所要求的具备宽覆盖、人机交互及快变跟踪能力的测量技术平台。以小型自主移动节点为主的水下传感器网络代表着新一代海洋环境观测技术发展方向，近十年来在美欧得到迅猛发展。

徐德民首先提出了研制远程水下自主航行器的新方案，并担任原理样机总设计师，期望重点解决增大航程、精确定位和运载能力等关键技术。经再三考虑，经费少就从仿真理论开始做起，再做深入精细的理论分析和方案设计。他们相继提出了3种型号的总体、动力、导航、控制系统的创新性技术方案……

行色匆匆、疲于工作、时间不够用，这一直是徐德民及团队成员的最大困惑，因为他们想做的事太多，而现实的条件又十分有限。因此，生病也好，星期天、节假日也罢，总是把点滴的时间用上，绝不浪费！然而，绝不浪费的又岂止是时间？这个时期，整个科研经费的紧张是团队最突出的问题。赴实验地，他们都默契地遵守着一个不成规则的规则：每一次的试验，每一个人无论去哪里，从不坐飞机，只乘火车和汽车前往。

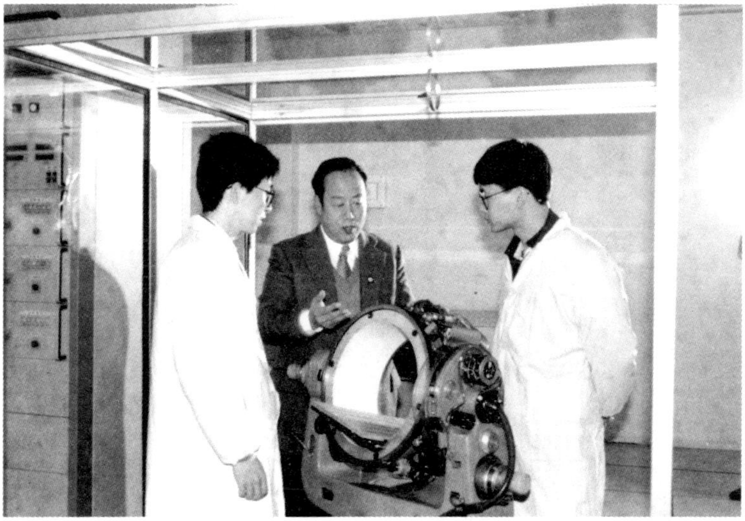

科研最需要的笔记本电脑，当时一台也没有，他们只得想方设法地去借。结果，每每提着借来的笔记本电脑出差时，坐在火车硬座席上的他们，满脑子什么都不敢想了，只有把它紧紧地抱在胸前，唯恐路上丢失……

2001 年 1 月，他们的研究项目终于得到上级部门的肯定，被正式列为国家重点预研项目。孜孜以求和执着付出，终获回报；从艰难拼搏中走来的水下自航器团队，终于苦尽甘来，可以放开手脚大胆地干了。徐德民带领团队开始了水下自航器控制、导航、总体等一系列关键技术的科学研究。从此，新型水中兵器和新概念水下航行器基础研究、核心技术攻关和工程型号研制，正式拉开了它斑斓的序幕。然而，如何进行校企联合、共同推进项目的研制呢？时任昆船公司总经理的陈天立先生独具慧眼，他看到了项目合作的发展前景，愿意在财力物力上给予支持。他们的心总算放下了，事业的天空也更加明亮了。

转眼，到了2001年底，农历新年悄悄临近。时间紧、任务重、压力大的他们，哪有心思过年呀，争分夺秒，他们抓紧时间做起了很多的单项试验，有跑船试验，有模拟试验，有动力试验……做马力试验的地方更是偏僻，必须把队伍拉进山路崎岖的一个废弃的工厂里做试验……直到除夕当天，风尘仆仆的他们才告别工作岗位，朝机场奔去。是啊，好久未回家了，可以想象得出那种归心似箭的心情。但此时他们想得更多的，是要将设备随机托运回西安，准备利用年假加班加点，做仿真实验。

徐德民的情感或许更厚重一层。团队成员谁也没想到，他们的领头人会利用这次过年机会，亲自把家属们召集到一起，开起了座谈会。徐德民与家属们一起谈心和交流，还刻意让男子汉们都回避，以便大家畅所欲言，发泄内心的不满和牢骚，再亲自给家属做思想工作，表达深深感激和歉意……让家属们感动不已。

大年初三的这一天，望眼欲穿的设备终于盼来了！初四，仿真实验开始了。航海学院的409室，在大年中显得特别寒冷，学校放假了，室内没有一丝暖气，穿上厚厚的冬衣，大家干开了。“五虎将”之一严卫生，带上两位比他更年轻的博士追赶进程，他们彻夜地忙碌，竟然3天3夜都没有睡觉……

大年过罢，他们很快又入驻合作伙伴中船重工昆船公司。与该公司技术人员一起，又继续着没节假日、每天超过十几个小时的工作……直到两个月的调试完成，3月底便进入抚仙湖的试验阶段。

美丽而神奇的抚仙湖，是中国最大的深水型淡水湖泊，也是一颗高原明珠。面对层层白波，渺渺茫茫的抚仙湖，他们顾不上享受沿途风景的美妙，只想尽快进入深水实验中。然而，始料不及的情况还是发生了。该产品入水后发生了较大的横滚，这就意味着试验失败了！在这危急关头，大家的目光都投向了他——主心骨徐德民。徐德民冷静而沉着地告诫大家：“不要紧张，千万不要急躁！”他迅速组织相关人员召开紧急会议，指挥大家一起寻找事故原因。经过多方面的认真分析、观察，问题得到圆满的解决。终于，盼来了一个期望的日子——交由试验场进行的水下自航器长航程试验正式开始。

长航程试验，对于他们来说是第一次，是短航程试验的数倍里程。以往短航程试验可以监控，而这次长航程试验却是在无法监控的条件下进行的。对于这次试验能否成功，他们胸有成竹，但完全脱离监控，却让人心里不踏实，意味着他们根本无法掌握前线情况，只能望着海天一色的尽头，被动地等待消息。终于，试验检测组消息传来，产品准确进入预定区域，试验非常成功！万分焦急的心终于放下来了，他们拥抱在一起雀跃欢呼。而这时，他们看到年过花甲的徐德民眼里涌出了泪水……

转眼，五一节长假就要到了。这个可以举家团聚或旅游观光，或探亲访友的节日，是多么令人向往啊！他们纷纷盼着这个长假的到来。尤其是几位年轻的成员，当时孩子还特别小，“五虎将”之一刘明雍教授的孩子才一岁多。

站立在滔滔的湖水面前，徐德民做出了一个谁都想不到的决定：邀请家属来昆明，亲人们团圆一次，五一后再接着做试验。原来，徐德民已经隐约感觉到，这种超负荷的科学实验，确实影响到了每一个与他共事人的家庭，几年来确实对不起所有的家属，应该让默默奉献的妻儿们来游览一次。于是，一个个邀请电话，裹挟着团队成员的片片真情飞往西安。五一节那天，每天行色匆匆、疲于工作的他们，终于换上了休闲服，在爱人和孩子温婉的笑容下，步履从容地漫步于抚仙湖畔，第一次感受到了轻柔湖波炫目的美，也重新拾起了被遗忘的温情。“五虎将”之一年轻的潘光教授，还兴奋地跑到花草店，为爱人高价捧回一束“蓝色妖姬”，非常难得地浪漫了一回……许多年后，每每提及这次团聚，大家都说难以忘怀，这可真是他们投身于科学研究和试验以来第一次与妻儿们一起释放压力啊！

危险降临的时刻

2004年，徐德民带领着研制团队继续攻克重重技术难关，突破了一系列技术关键难题，成功完成了某项极具挑战性的研制任务。紧接着，相关技术性能检测的海试——真正的深水作战拉开了帷幕。

下潜到深水中海试，这是与军方合作的重要试验课题。团队成员们常常和军方代表一起下到潜艇里，在海底世界更为精确地操纵机器设备并进行各种观测。

这一天，对于许多人来说只是个普通的日子，但对于海试团队来说，生命已进入倒计时：航行器意外地浮出水面了！电池在非正常地释放，航行器特别地烫、特别地红…… 他们知道，如果外壳继续由橘红色变成为红色，爆炸将不可避免地发生，灾难将会降临！他们明白，产品外壳上有一个开关，必须冒着生命危险去切断其动力，才能避免爆炸的发生。千钧一发之际，究竟谁去？实验规定，团队和军方代表需各派一人火速为航行器排除故障。“别慌，按规定来！”这时，宋保维挺身而出。他所指的规定，是当时团队内部一个不成文的约定：万一哪天试验中发生危险，所有未婚的、结婚没生孩子的、是家中独子的都不允许上！没想到，这“万一”真的发生了！他们距生死仅一步之遥。宋保维按章照规“出牌”了：由自己和军代表去执行“排障”，也就是说，危险降临时，他选择了与死神相拥。于是，一场揪心不已的等待开始了。“排障”过程牵动着在场人的每一根神经，可以说一个个头颅都充满了血，面对抱着“炸弹”的两个血肉之躯，无不感到生命的脆弱……直到爆炸危险被排除，大家才长长地舒了一口气。

有一次，他们乘坐的试验潜艇不知不觉跑得非常远了，而这时，夕阳早已落进海的尽头，只有海浪一浪高过一浪地拍击着海岸。

由于部队有规定，潜艇超过规定的能见度和规定的时间未归时，就不允许返回码头。也就是说，如不采取措施，他们就要忍饥挨饿整夜漂在这瞬息万变的海上。这时，一阵海浪卷起，给他们一种诡异又令人窒息的感觉……正当不知如何是好时，军方让本艇官兵坚守潜艇，派出了一条小舢板来接应他们回岸。结果，这条小船在海上找了2个多小时，才在黑漆漆的夜空下找到又累又饿的他们。

最终，该成果于2004年获得国家科技进步奖二等奖。中央领导视察后表示："很振奋，很高兴！你们立了大功，解决了国家的急需。"

自团队组建以来，共完成重要科研任务40余项，先后研制成功3种新型水下航行器，其主要性能为国内领先并达到国际先进水平，研究成果已在国民经济与国防建设中得到广泛推广和应用。获国家科技进步奖二等奖2项，省部级一、二等奖共7项，国家发明专利20余项。徐德民教授也当选为中国工程院院士。

（航海学院　供稿）

海洋深处的眼睛

马远良，我国著名的水声工程专家，我国水中兵器学科第一个博士点和博士后流动站的创建者。他曾研制我国第一代直升机吊放声呐，先后主持四种型号航空声呐的研制，是我国在这一工程科技领域里的开拓者和带头人。

浩瀚无垠的大海里波涛汹涌，但海洋中的声音无论怎么强大和玄妙，人们即使走到海边也是听不到的。但是西工大航海学院的马远良却听得到，因为他是专攻海洋声学和声呐工程技术的。海洋声学和水声工程是深奥的、博大的，马远良的事业胸怀和科技成就也是博大和丰硕的。这种博大和丰硕蕴含于寂静无声的奋斗之中，正所谓宁静而致远。

马远良 1938 年生于四川隆昌。1956 年，他被泸州地区教育主管部门选拔为留学预备生，后因中苏关系恶化，中央停止了当年的留苏生派遣计划，遂被保送报考国家急需的“特种专业”——西北工学院“鱼雷设计”专业，成为我国第一届鱼雷专业的学生。1958年初秋，他在工厂劳动期间接到通知，和同年级的七个同学一起，到哈军工插班学习水声工程专业。那是哈军工海军工程系第六专科的56－362班，属军工第四期。哈军工水声工程专业是我国创办最早的水声专业。创办初期，从其他专业的第二期、第三期学员中，抽调了几位学长改学水声工程专业。第四期则是正规招生的第一个班，马远良有幸在那里接受了很严格、很正规的专业教育，和那里的老师和同学结下了终生的亲密友谊。

1961年初，马远良完成在哈军工的学业回到西工大，立即投入到紧张的教学工作中，在不到半年的时间里完成了全国统编专业教材的编写，由北京科教出版社出版，次年得到国防科工委的奖励。为搞好教学，马远良阅读了大量的专业文献，且绝大部分是用英文或俄文写成的；推导了许多公式，提高了运用数学的能力；到专业工厂参加劳动锻炼，主动协助工厂完成科研课题。1963年，校领导提出在全校选拔一批青年教师进行“重点培养”，这在西工大的发展史上是一次大手笔。马远良有幸入选，随后得到了更多的培养和锻炼的机会。

1965年春，在马远良接近27岁的时候，国防科技发展十二年规划重点科研项目下来了，国家把发展航空声呐的研究任务下达到西工大。学校和第七研究院合作，建立了我国第一个专门从事航空声呐的研究室，他被任命为主管技术工作的副主任，担任“352项目”总设计师。马远良与同伴们不畏艰难困苦，解决了一系列技术难题，于1976年完成研制任务，通过了技术鉴定和国家级设计定型，填补了国防科技一项空白，1978年获全国科学大会奖。这项任务的完成，对我国航空声呐领域的装备技术发展和人才培养起到了奠基的作用。

1978年，马远良参加海军赴法国技术考察团的工作，在布雷斯特基地登上法国海军的反潜直升机，参观他们在比斯开湾进行的航空声呐搜潜表演。面对国外的先进技术，他暗自下定决心：我们一定要比他们做得更好。考察回国以后，他在同事们的支持下，提出了在已有基础上大幅度提高声呐性能的创新技术方案，并在1980年初春的海上试验中得到了令人振奋的结果。1981—1983年期间，马远良到英国拉芙堡理工大学进修水声信号处理，合作教授是一位著名的北约水声科技专家。他在那里废寝忘食地学习和研究，竟在短短的两年时间里完成了四个研究课题，为回国后的工作提供了深厚的知识积累。

回国以后，马远良率先开展了水声信号自适应滤波与参数估计技术的研究，发现并系统建立了“自适应相干累积”技术，应用于鱼雷自导系统研制。发明了任意结构形状水听器阵列的方向图优化设计技术，研制成三维可扩展的正交体积阵，应用于新型航空声呐获得成功。他还与研究生们一起解决了自适应噪声控制中的若干基础性难题，建立了一种新的间歇式自适应算法，在国内首次进行了水下噪声的有源抵消实验，合作撰写了国内第一部该领域的专著《自适应有源噪声控制：原理、算法及实现》，该书是国际上该领域的第二部专著，对于促进我国该新兴技术领域的发展产生了很大的影响。

20世纪90年代以后，马远良相继主持承担两型航空声呐装备的研制，在他年满60周岁前后获得成功。困难面前不止步，成绩面前不骄傲。马远良始终以高昂的热情和强烈的责任感在科学道路上忘我攀登。他不辞辛劳，深入现场，奔波于校内消声水池实验台，浙江千岛湖水声实验场，哈飞直升机试验站以及青岛、大连的海上试验场所，陕西的冯家山水库，带领研制组周密细致地解决了一个又一个技术难题，使先进的设计方案得以完全实现，发挥了既做领军者、又做实干家的模范作用。两型声呐的研制成功和装备部队，是对国防建设的重大贡献，得到了国家和部委的多次嘉奖并被授予多种荣誉称号。

马远良不仅在科研工作上兢兢业业，在教学教育实践中也注重教书育人，从严、重导、求新。他十分重视研究生获取知识、应用知识的能力和创新能力的培养，引导学生交流研究心得、开展学术活动、参加外场实验，让他们得到科学研究的实际锻炼，提高综合素质。在水声工程和水中兵器领域培养硕士、博士和博士后90余人，其中涌现出中兴通信技术中心主任、国家科技部智能机器人专家组组长、教育部长江学者特聘教授、中国青年科技奖获得者、全国百篇优秀博士论文奖获得者等拔尖人才，为相关领域的科技进步和高层次人才培养做出了重大贡献。

马远良是有着40多年党龄的老党员，他始终牢记共产党员的历史使命，为党的事业无私奉献。他在担任系副主任和院长期间，不但完成了繁重的教学科研工作任务，同时又承担了大量的行政管理工作。

他领衔成功申报我国第一个水中兵器博士点，培养出我国第一位该学科的工学博士；领导成功申报水声工程博士点，筹建了兵器科学与技术博士后流动站；领导创建了“声学工程和检测技术”国家专业实验室，以及水下信息与控制国防科技重点实验室，使航海学院获得长足进步，科研项目、经费和成果上升到各院系前列，为学院的后续发展奠定了坚实的基础。2003 年，马远良当选为中国工程院院士。

（航海学院　供稿）

熔铸赤诚

周尧和，担任国际铸造学会主席的第一个中国人。他在铸造领域有众多重要建树，并领导建立了首个国家重点实验室，培养出新中国第一位铸造学科博士，是中国铸造学科的第一位中国科学院院士，被中国机械工程学会授予“首届中国铸造终身成就奖”。

1991 年，周尧和当选为中国科学院院士，他是西工大并校以来的第一位院士，也是铸造专业的第一位中国科学院院士，是担任国际铸造学会主席的第一个中国人，是中国首次参加国际铸造会议的中国官方论文的作者。他领导建立了铸造领域的第一个国家重点实验室，培养了新中国第一位铸造学科博士。2012 年，中国机械工程学会授予他首届“中国铸造终身成就奖”！正如颁奖词所言，周尧和院士是“一位令人仰慕、德高望重的科学家，一位令学子追随、功勋卓著的一代宗师，中国铸造界的一面旗帜，中国科技界的一份骄傲。”

一、留学苏联 初露锋芒

周尧和的祖籍是河北省深县，他 1927 年生于北京。1950 年毕业于清华大学机械系并在南开大学任教。1953 年赴苏联留学，被分配至莫斯科钢铁学院冶金系。论文阶段他要到苏联中央工艺与机械制造研究院去做实验，每天第一个到实验室，最后一个离开，除去做实验就是看资料，整理实验数据。星期天总是一早就去苏联藏书最丰富的列宁图书馆阅读文献，直到闭馆才回去。这期间为加强对冶金过程的感性认识，寒暑假他都申请去大型钢铁厂或重型机械厂实习。在厂里他不放过每个生产环节，甚至坐在天车上看火花乱窜的钢水出炉浇注的情况。几个月后他在铸造室作的开题报告令到会的人对他刮目相看。在研究院工作时，他构思后由设计部门制作了三套实验装置，其中“造型材料高温表面强度测试方法与装置”一项获苏联创造发明专利。学位论文中关于造型材料退让性的研究内容被收入雷日科夫教授所著的苏联高校铸造专业教科书《铸造工艺学》中。

二、勇攀铸造的珠穆朗玛峰

1957 年 5 月回国后，周尧和被分配到西工大工作。半个多世纪前的西安，城市建设很落后。周尧和到西工大的初期，多数教师刚毕业不久，成立不久的铸造专业连办公和实验楼还没建好，只能在宿舍里备课。条件很差，但他没有气馁，“世上一切事物都是发展变化的”，他立下志愿，一定要和大家一起奋发图强，把这个专业建成中国同类学科中最优秀的。他的发展战略第一步就是建一个国际水平的实验室。于是全专业总动员，用了三年时间，实验室里不仅有国内外的铸造实验设备，还有“凝固过程水力学模拟仪”等自己动手制造的新的实验装置。1962 年，全国热加工专业教材会议在西安举行，来了很多老专家。会后到西工大参观时，出乎专家的意料，在这里竟会看到一个如此完备，国内其他地方没有的铸造实验室！从此，国内同行这才知道西工大有个铸造专业，而在这之前，全国性的学术活动他们是收不到通知的。周尧和发展战略第二步是开展科研活动。1965 年他们的研究成果《具有宽结晶温度范围合金的充填铸型能力》在高等学校自然科学学报上发表，令国内铸造界为之耳目一新。

周尧和选择了“保温冒口”作为研究的切入点，组成研究小组，在两年多的时间里积累了大量的实验数据，最后由他综合分析。在推导出一个保温冒口设计式的基础上，他首次提出“效能系数”的概念以及利用这一系数估算保温冒口效益的方法，研制出新型保温材料，并写出一篇《保温冒口研究》的论文在全国铸造行业中推广，产生了极为显著的经济效益和社会效益。这篇论文在1978年第3届全国铸造年会上被推荐参加1979年在马德里举行的第46届国际铸造会议的中国官方论文。论文宣读后被评为大会优秀论文。1983—1992年，周尧和6次任我国代表团团长参加国际铸造会议，并于1993年担任国际铸造学会主席。1991年，在国际铸造学会执委会上，他针对铸造业普遍存在的污染环境问题，建议组织一次以“铸造与环保”为主题的技术论坛，以唤起全球的关注，会议通过后由他组织于次年成功举办。他还争取到1995年在北京举办第62届国际铸造会议的机会。这期间中国在国际铸造界的地位不断提高，与国际铸造界的学术、技术、经贸等方面的交往日益扩展，中国铸造业的改革开放也越来越有活力。

周尧和院士指导留学生

20世纪80年代，周尧和经过长时间的思索，产生了一个关于铸造方法的新构思，由一位优秀的博士生进行装置设计和试验，两年后这一方法试验成功，可以清晰地铸出局部厚度为0.5mm的铝合金铸件，实现了轻合金超薄壁异型构件的高精度成形。航空、航天等领域一些难以成形的重要部件就是用这一“调压成形精铸法”制成的。这一方法在1990年获国家发明奖，1991年获航空金奖。80年代他还主持了一项六五国家科技攻关项目“大型铸钢件凝固控制”。项目组成功解决了葛洲坝大型水轮机叶片及30万千瓦发电机组高压外缸铸件的质量问题。1987年，教育部对全国金属材料学科博士点单位进行评估，西工大铸造专业被评为同专业中的第一名，实现了周尧和30年前立下的志愿。

周尧和率先在国内倡导将凝固理论与技术拓展到无机化合物、聚合物和生物晶体领域。在国际上首次发现并定义了铸锭凝固过程中的第三对流区，据此提出的钢锭头部正偏析理论得到公认。在凝固前沿动力学、液态金属深过冷和三维非晶合金制备等方面取得重要成果。主持建立了凝固技术国家重点实验室。在多种液态金属中取得了国际上最大的过冷度，阐明了多种深过冷快速凝固组织的形成机制。

随着人类生存环境的日益恶化、能源和资源的枯竭，保护地球，可持续发展成为国际社会关注的焦点和当今人类社会最迫切的任务。经过多年的观察和思考，周尧和于20世纪90年代初倡导开展了“生态材料学”的研究，并成立了“生态材料学研究所”。他提出了“ECO精神”。ECO是生态材料学英文ECOLOGICALMATERIALOGY开头的三个字母。周尧和对此解释道：“这里的ECO又是指‘Excellent’‘Cooperative’和‘Original’三个词，就是要有出色的成果、合作的气氛和创新的思维。”他对课题组成员和博士生提出三点要求：一是要有志气。教师要有志气成为组内最优秀的成员，学生要有志气成为课题组内最优秀的研究生。但这还不够，更要有志气赶超自己的老师，超过世界上的名家。没有这种成为杰出人才的志气，就不可能有大的作为。二是要讲团结。竞争意识是要有的，但不是组内的明争暗斗，而是同行的和谐较量；要想在这种较量中取胜，课题组必须是真诚合作的集体。三是肯拼搏。不能只有愿望而不付诸行动，要赶超别人，就要走别人没有走过的路，就要创新，要比别人付出更多的劳动。他希望每当大家看“ECO”三个字母就想到课题组的精神，以此激励自己。

三、让德导行，使行出果

教师的核心是育人。一名优秀的教师除了以满腔的热情、严谨的治学态度对待事业、对待学生以外，还必须自觉地、高标准地砥砺自身的品格，以身立教，让德导行，使行出果，周尧和就是这样做的。

“文革”前周尧和就是教学楷模，所教“铸造原理”课被树立为原国防科工委高等院校的样板示范课。其深入浅出的讲述、准确清晰的概念、丝丝入扣的推理、整洁美观的板书、发人深省的提问以及从无赘言和从不出错的精确，构成一个感染力极强的课堂教学系统。他的学生学到的不仅是扎实准确的知识，由表及里、层层深入的科学方法，更有严谨求实的科学精神和被这独特的精妙学问激发的探索热情。他对研究生的培养首先强调的是创新，他非常欣赏焦裕禄说过的一句话“吃别人嚼过的馍没有味道”。他告诉学生，搞一项研究首先要将相关的基本理论和基本知识钻研透彻，然后才能用学习和批判的精神去分析别人的工作，才有发现创新的可能性。他对学生严，严在要求高，在为学生批阅论文时，连一个错别字、一个标点符号都不放过。学生们都知道平庸在他那里是通不过的。根据多年的经验体会，他总结了一篇《从严、重导、求新》的研究生培养心得，并获国家优秀教学成果奖。而作为学生，都愿意与有道德的人接近和交往，学生爱戴老师有很多原因，除了道德，还有老师的学识，但学识只能满足学生某阶段的求知愿望，真正打动学生内心的还是先生的人格和道德的力量。如今，周尧和的学生个个事业有成，许多年龄也半百了，在与先生回忆往事时竟也控制不住潸然泪下，感慨万千。

周尧和在生活上平淡无求，过着简单朴素的生活。他从不用公车办私事，外出的交通工具主要是公交车，很少“打的”。在学问探索之外，周尧和对他人又是非常宽容和谦逊平和，对毕业后学生的来信，总是封封必回，有问必答。作为一名国际知名的科学家，周尧和始终以一名普通教师的身份出现在大家面前。实验室组织大家搞卫生，他就一定会准时参加，抡起扫帚，和大家一样满身灰尘。因公出差需要秘书接送，也总是安排在工作日，不肯影响他人的业余生活。即使是那些曾经伤害过他的人，在他们需要帮助的时候，他依然鼎力相助。这些平凡的小事彰显出他的崇高品质，使每位接近周尧和的人在谈及先生时莫不肃然起敬。

他数十年如一日，忠诚于祖国的教育和科研事业，精益求精，高风亮节，是学子们心目中景仰的楷模。让我们来听听他的学生是如何评价的吧——曾建民说：“恩师把我从一个打铁翻砂学徒工，领进了科学研究之门，把我这样一个智商平平的人培养成为大学老师，把调压铸造国家发明奖第一完成人的桂冠戴在我头上，让我获得了政府特殊津贴，获得了突出贡献专家等诸多荣誉。现在又不远千里，专程为学生的实验室建设进行规划。我得到了老师那么多恩惠，却没有给老师以任何回报。”

长江学者、博士生导师黄卫东教授说：“先生一生光明磊落，诚实正直，任何事情一律通过正规渠道处理。先生没有‘公关’来的科研项目，对科研‘公关’持一种本能的厌恶态度。”

“全国模范教师”、博士生导师杨根仓教授说：“在与先生相处的日子里，先生学术上的严谨、生活上的朴素和平易近人以及对下属和他人的宽厚，已成为我时刻仿效的楷模，并且我会将它传给后人。”

国家突出贡献专家、长江学者、中国科学院院士魏炳波教授说：“在研究生培养过程中，他始终把‘育人立德’和‘激励创新’放在首位。他不仅言传，更注重身教。他高尚的人格形象永远是学术历练做人的明镜。”

1981 年，周尧和被国务院学位委员会评定为首批博士生导师，迄今已培养博士 53 名，硕士 34 名。现在他的弟子们已是中国凝固学界的中坚力量，其中 7 人为国家长江学者奖励计划特聘教授，6 人获德国洪堡研究基金，1 人被评选为全国模范教师，1 人获中国青年科学家奖并当选中国科学院院士，20 余人在国内外担任教授，“再传弟子”中也有 10 人晋升教授，可谓桃李满天下。

而他对自己的评价是拙于交际、情商很低、思想保守、缺少魄力，只是一位要求自己端端正正、勤奋踏实地做一个无愧于国家、无愧于他人的人。

50 多年来，周尧和带领他的团队取得了丰硕的研究成果，先后与杨根仓、黄卫东、介万奇、魏炳波、刘峰等教授完成了多项重要理论课题及国家重点科技攻关项目，发表各类学术论文 500 余篇，出版专著 1 部，获国家科技进步奖 1 项，国家发明奖 1 项，省、部级科学技术奖 13 项。1979 年，他被国务院授予全国劳动模范称号。1986 年，他被评为全国优秀共产党员，同年被航空工业部命名为“教书育人、为人师表”优秀教师。1987 年，他作为航空工业部和兵器工业部受表彰的 20 位专家之一，受到党和国家领导人的亲切接见。1989 年，他被全国教育工会授予“为改革和发展教育事业做出重大贡献的教育工作者”称号，并获“尊师重教、为人师表”奖，是全国 10 位受表彰的优秀教育工作者之一。1991 年，他获“国防光华科技基金”一等奖和中国机械工程学会授予的最高荣誉“科技成就奖”，成为该会成立 55 年来有重大贡献的 10 名科学家之一；同年获得原航空工业部个人最高荣誉“航空金奖”，成为该部成立 40 年来获此殊荣的 10 名专家之一。

（材料学院　供稿）

逐梦高温合金

傅恒志，曾担任西工大校长，在治校理政中表现出突出的战略眼光和才华。在高温合金研究领域取得丰硕的成果。与周尧和院士一起，培养出我国第一位铸造专业博士。他忠实践行着“学者两事，道德、文章”的人生信条。

傅恒志曾任西工大校长，并且是西工大历史上民主选举的校长。当时，在全国高校正试行校长负责制，傅恒志带领学校班子成员科学决策，大刀阔斧地进行改革，在教学、科研、师资队伍建设等各方面取得了令人瞩目的成绩，受到师生员工的称赞。与治校理政相比，他在专业领域的成绩并不逊色，是我国著名材料冶金学家和工程院院士，并与周尧和院士一起，培养出我国第一位铸造工学博士。

傅恒志，1929 年 8 月 24 日生于河南省。1958 年，傅恒志是当时全国铸造学科唯一考取的留苏研究生，赴苏联列宁格勒加里宁工学院（现为彼得保工学院），师从苏联铸造界最有名望的权威聂亨齐教授，进行耐热合金的研究工作。那时，用于航空航天尖端技术领域的镍基高温合金性能优良，但此种合金都以高含量的铝钛作为主要强化元素，必须在真空下熔化和浇注，否则极易氧化。20 世纪 60 年代初，国内这样的真空冶炼设备极少。傅恒志决心利用这次学习机会研制出一种不含铝钛，无需真空冶炼又与含铝钛镍基合金性能相当的高温合金，解决国内的高温材料问题。在导师的支持下，傅恒志先后设计了60余种合金方案，进行了系统的研究测试，每一种性能测试都在800℃的高温下做持续数千小时的实验，还要通过少则数十数百小时，多则一千多小时的机械性能试验。时间实在是不够用，于是他每天从早到晚都泡在实验室里，有许多次为了赶出试件，甚至通宵达旦，连他的导师也为中国学生的拼命精神所折服。

功夫不负有心人。经过两年多的不懈努力和反复筛选，他终于研制出一种新合金系列。该类合金不含铝钛，不需真空冶炼，但却能达到与当时世界上含铝钛合金相当的较好力学性能和优异的铸造性能。1961年，在合金尚未最后定型、论文尚未答辩的情况下，该合金就被苏联用在某航空发动机导向叶片上。傅恒志对不含铝钛的高温合金的系统研究填补了当时国际上的空白，受到国内外专家的肯定。该成果还获得了苏联科学技术专利。

解放初期，中国铸造业的水平是落后的。为了迅速提高我国铸造业的水平，学成归国后的傅恒志继续致力于高温合金的成分、组织、铸造性能与力学性能关系的研究工作。

高温合金是广泛应用于航空、航天、舰船、发电、机床、石油和化工等工业中的耐高温材料，在航空发动机上主要用于制作热端部件，如涡轮工作叶片、导向叶片、涡轮盘、燃烧室和压气机等部件。针对新型发动机发展需要，傅恒志开展了涡轮叶片定向凝固和单晶技术的研究，在国内首创了以控制液固界位置为基准的定向凝固稳态及非稳态过程的计算机模拟和晶向三维控制技术，显著改善了定向和单晶叶片的组织和性能，为我国叶片定向凝固及单晶技术的发展提供了关键技术。此后，针对现行定向凝固温度梯度低、冷速小、组织粗大的缺点，他又提出了超高梯度定向凝固、电磁自约束成形及凝固组织超细化的新构思，成功地获得定向超细柱晶组织，大幅度提高了高温持久性能。他领导研制的超高梯度定向凝固装置，其温度梯度超过当时世界最高水平3倍多，达1 300 K/cm，在镍基和钴基合金中，所得高温持久性能超出同类合金的100％～200％，具有国际领先水平，获国家科技进步二等奖。

高温合金的生产过程，就是金属熔炼和合金凝固的过程。没有熔炼，就没有凝固；而凝固则是熔炼的最终结果，显得尤为重要。因此，自20世纪70年代以来，傅恒志领导课题组主要致力于定向凝固理论、组织控制和先进材料的研究。1976年，傅恒志主持成立了“高温合金定向凝固与组织控制”科研组。他和他的同事们知难而上，在缺乏资金和存在多项技术难题的困难条件下，发扬自力更生，艰苦奋斗的创业精神，经过几年的奋战，研制出我国第一台快速定向凝固炉，其功能和技术参数均达到了国际先进水平。随后，又有6台自行研制且各具特色的定向结晶炉在大家共同努力之下安装就绪。这些设备的研制成功和凝固实验室的建立，为工业性定向及单晶高温合金的实验研究和凝固理论的研究，创造了必要的条件，在国内很有影响，分获航空航天部一、二等奖及国家科技进步二等奖、国家发明四等奖，开辟了国际上仅有的在宽变温梯及宽变冷速条件下合金单向凝固过程的实验研究。傅恒志在国际上率先提出了液固界面非平衡溶质再分配的概念，认为液固界面存在着一个有别于平衡溶质分配的实际溶质分配系数，并相继在镍、钴和铝基合金中进行了考证和发展，发现实现溶质分配系数是溶体状态和凝固参数的函数，研究结果发表后分别被美国 IAA、SIAR 和 SCI、EI 等摘要转载，并得到美国及瑞士著名学者 Cahn 和 Kura 的高度评价。此后，傅恒志将这些研究成果拓展至亚快速凝固领域，并在高温合金和铝合金中获得超细定向柱晶。同时，从凝固基本规律出发，又最先获得枝晶向超细胞晶及超细胞晶向绝对稳定平界面转变的实验结果，并细致考察了这些转变的形态学特征及与凝固参数的响应关系，以及描述这些转变的数理模型。他还主持创建了超细晶形成与生长机制与近绝对稳定亚快速单向凝固的理论框架，对近平衡与极端不平衡之间的快速定向凝固领域进行了填补性的研究，在国内外此领域的重要刊物上发表论文百余篇。

冶金、材料领域长期受困扰的问题之一是液态合金成形过程中的污染，特别是那些化学性活泼的金属，如钛、高温合金及某些高熔点金属，在熔炼和凝固成形中与炉衬、坩埚、铸型接触极易发生反应，

导致在材料中产生各种杂质，影响性能。随着高科技对材料要求日益提高，污染的影响越发显得突出。亚快速定向凝固和组织超细化技术在实际零件上的应用也受成形容器材料的污染和其散热条件的限制。面对这个难关，傅恒志提出一个大胆的设想：完全甩掉坩埚、铸型等熔炼及成形容器，让液态金属在不与任何东西接触的情况下成形。基于这个思想，近年来傅恒志带着他的研究生开展了电磁约束成形定向凝固的研究工作，试图全面实现无坩埚、无容器的液态金属在电磁场约束下的直接成形。经过近五年的探索，在系统试验的基础上取得了初步结果：可以使高熔点液态金属在真空和无接触情况下初步成形为多种非规则形状。这项技术如能成功，将可能是材料无接触、无污染、直接凝固成形设想的实现。这将会是材料成形的一项崭新的、有革命意义的跨越。显然，这是一项难度很大、涉及面很宽、过程异常复杂的课题。熔体成形凝固涉及电磁场、温度场、流场、溶质场的多种变化过程及它们的耦合作用，有许多新的现象和问题是以前从未遇到过的。在这个重大课题面前，傅恒志面临的是在科学上要揭示多物理场与熔体交互作用的规律及对相变过程的影响；在技术上要实现材料的无容器直接成形并控制组织结构；在应用上要解决某些高纯净、高均质、高性能零部件的制造问题。虽然傅恒志及他的助手们已取得了不少进展，但无论在理论或实践上他们还有很长、很艰难的路程要走。这个课题的难度虽然很大，但年逾古稀的傅恒志教授却壮心不已，满怀必胜的信心。他引用叶剑英元帅的诗句充满激情地说：“‘科学有险阻，苦战能过关’！因此，我们将再接再厉，尽心竭智，开拓创新，奋力攻关，尽快实现这一课题的重大突破，推动我国的材料冶金技术向更高、更新的水平发展!”

尽管身为校长，还有社会诸多头衔，他却仍坚持带研究生，成天忙碌不堪，有时一天只能睡四五个小时，他坚持按时给研究生答疑，从不耽误研究生的课程。有人劝他不要给学生上课了，他说：“我还是人民教师的一员，教书育人是我的职责，也是我联系师生的桥梁。不教学，就脱离师生，脱离实际，校长也当不好。”他为本科生讲授的一些课程，皆属国内外高新科技理论和新成果。在不少方面还提出自己的创见。他在这8年间，培养出近20名博士生。他与周尧和院士培养出了我国第一位铸造工学博士毛协民。他撰写的《培养高水平博士生的途径》一文，被陕西省授予1991年优秀教学成果特等奖。由他和周尧和院士领导的学校铸造学科的建设与发展，一直处于全国领先地位；他所在的铸造实验室被评为全国高校实验系统先进集体，并成为国家重点实验室，到目前从这个实验室已经走出4位院士。

傅恒志曾获全国高校先进科技工作者、航空航天工业部有突出贡献的专家、劳动模范荣誉称号。1992年被俄罗斯国立圣彼得堡技术大学授予名誉博士，同年由美国传记研究院提名获世界终身成就奖，1993年当选为国际高校科学院院士，1995年入选俄罗斯宇航科学院外籍院士。傅恒志曾任中国航空学会副理事长、中国材料研究学会常务理事、国家自然科学基金第一、二、三届评审组成员、国家科委科学技术咨询成员、陕西省航空学会理事长、西安市科协名誉主席、第八届全国政协委员。

如今，已年过八旬的傅恒志在他生命的金秋仍不辍劳作，继续在科学的道路上探索前行。2008年，在他从教60周年的时候出版了百万余字的《先进材料定向凝固》一书，该书获得了国家新闻出版署第三届三个一百原创图书奖。为了鼓励学院的博士研究生能够踏实潜心开展创新性研究，他从自己积攒的工资中拿出大笔钱在学院设立“崇德奖学金”，用于资助学院德才兼备、具有较强创新能力且做出突出贡献的在读博士研究生。傅恒志用他的言行无时无刻不在潜移默化地影响着广大师生。

傅恒志还非常重视对学生科学精神和创新精神的培养。2011年3月，他为学校一千多名学生作了“宇宙大爆炸”的科普报告。这个看似简单的科普报告，却是他花了几年时间搜集整理了大量文献资料精心准备而成的。在长达两个小时的报告会中，已是耄耋之年的傅院士一直保持着矍铄的精神状态，他关于宇宙大爆炸和时间反演理论的讲解，极大地激发了同学们学习和创新的热情，其严谨的科学态度更激励着年轻人为了学校和国家的繁荣昌盛而不懈奋斗。傅院士认为，科普工作是一项崇高而神圣的事业，一个科学普及的民族，才能是一个有生机和希望的民族。他希望同学们在学习知识的同时，要努力强化创新思维的训练，在学习中不断加强探索和研究能力。2012 年 3 月，傅恒志在学校“翱翔名家讲堂”中，以自己的亲身经历讲述了从西北工学院、华东航空学院、哈尔滨军事工程学院空军系到西工大一路坎坷的校情校史，为同学们阐释了工大人骨血里流淌的“传承与创新”。

2013 年 5 月，学校实施本科生翱翔英才计划，组建“追梦班”，计划每年在获得校三好学生标兵、优秀干部标兵、国家奖学金、国际科技竞赛等奖励的本科生中，选拔优秀学生进行综合素质培养。傅恒志不顾年事已高，毫不迟疑地接受了学校和同学们的邀请，担任了西工大首届本科生翱翔英才“追梦班”的名誉班主任。他说：“学生需要什么，我就干什么，随叫随到。”

光阴荏苒，岁月如梭。回忆起自己的成长道路，傅恒志说：“自古学者两事，道德、文章。对知识分子来说，既要业务上精益求精，又要有先天下之忧而忧，后天下之乐而乐的情操，既应是业务上的专家，又应该做无产阶级的革命战士。”——这就是他，一位对国家对人民有着强烈责任感的知识分子的毕生追求。

（材料学院　供稿）

千锤百炼始到金

张立同，几十年来从事航空航天高温材料技术及其应用研究，解决了国家急需的一系列重大技术关键难题，取得多项开创性成果，她使我国高温陶瓷基复合材料的研究与应用水平进入国际前列。她被人们称为“巾帼院士”。

2005 年 3 月 28 日，在北京人民大会堂举行的国家科技奖励大会上，一位 67 岁的女科学家用她的比铝还轻、比钢还强、比普通陶瓷更耐高温的复合陶瓷基新材料，获得了已空缺六年的国家技术发明一等奖殊荣。这一成果的诞生，打破了发达国家在此领域的技术垄断，奠定了该材料在我国航空航天制造领域的领先地位。她，就是我国国防科技战线上唯一的女院士、西工大张立同教授。

痴心报国

张立同 1938 年出生于四川重庆，在日本飞机狂轰滥炸中成长，流离失所的逃难生活使年幼的她懂得“没有国哪有家”，她常问爸爸“中国为什么没有飞机?”1956 年，她以第一志愿考入北京航空学院热力加工系，立志航空报国。后随国家专业调整来到西工大，从此远离北京，毕业留校任教至今。

20 世纪 70 年代初，发达国家已将一些重要飞机的航空发动机涡轮叶片生产由锻造改为无余量熔模精密铸造，叶片的工作面无需加工就可达到所要求的尺寸精度和表面粗糙度。我国当时的熔模铸造技术还十分落后，即使增加抛光余量的叶片，变形报废率仍高达 30%～50%。强烈的责任感使刚三十岁出头的她勇敢承担起“高温合金无余量熔模精密铸造叶片制备技术”厂校联合攻关的重任。

经过半年不分昼夜的工作，从获得的数万个数据分析中，她发现了刚玉陶瓷型壳的高温软化变形机理和叶片的铸造热应力变化是导致叶片变形的根本原因，因此发展了系列新型陶瓷型壳材料、陶瓷型芯和无余量叶片用模料，成功攻克了困扰航空熔模铸造生产十几年的叶片变形问题，1976 年制造出我国第一个无余量熔模铸造叶片。

执 着 追 求

20 世纪 70 年代初期，正值我国引进英国斯贝发动机技术。但是其中的无余量熔模铸造技术属于十项技术秘密之一，还要花重金另外购买。中华民族的自尊心和自信心激励张立同去请求西安航空发动机厂总工程师批准用课题组自主研制的上店土陶瓷型壳材料、陶瓷型芯材料和无余量用模料代替英国材料来研制斯贝发动机无余量空心叶片。

“国家需要”就是命令。当时的地震天灾和人祸使得不少生产部门处于瘫痪状态。张立同带领课题组仍然在工厂坚持研究。为寻找材料定点生产厂，她跑遍铜川矿区，没有测试仪器设备就自己研制。凭着这种执着，经过 1 000 多个日日夜夜奋战，终于用自行研制的上述材料和工艺，研制出我国第一批高精度、低粗糙度的斯贝发动机低压一级无余量空心导向叶片。英国罗罗公司专家持着怀疑态度将上店土型壳材料、模料和叶片带回英国鉴定。在精确的测试数据面前，外国专家信服了，从此我国无余量熔模铸造技术水平进入国际先进行列。

接着，她又带领课题组接连突破了“铝合金石膏型熔模铸造”“高温合金泡沫陶瓷过滤技术”等航空重大课题的技术关键，1985 年一举获得国家科技进步一、二、三等奖 3 项奖励。

呕心沥血

根据国际航空航天材料的发展趋势和从事高温陶瓷材料研究的基础，1987 年，张立同凭着一个优秀科学家特有的敏锐，果断提出发展航空航天高温结构陶瓷的新方向，但是陶瓷脆性问题如何解决呢？她带着这个问题，1989 年作为高级访问学者来到美国 NASA 空间结构材料商业发展中心，承担了美国未来大型空间站结构用连续纤维增韧陶瓷基复合材料的探索研究工作。她带领美国研究生，用一年半时间研究出三种低密度、高比强、高比模的陶瓷基复合材料，并通过了空间环境试验。该中心主任沃廉斯教授惊喜地说："张立同教授的才能和工作效率令人吃惊!"

国外的研究经历使她得到答案，航空航天用高温陶瓷一定要用"具有类似金属断裂行为、对裂纹不敏感、不会发生灾难性损毁的连续纤维增韧高温陶瓷基复合材料"。她决心占领这个国际前沿领域。1991 年张立同怀着强我中华的愿望回到西工大，开始了发展我国航空发动机用高温陶瓷基复合材料的再创业历程。

万事开头难。张立同四处呼吁奔走却没争取到经费，她就带领两个学生到广东为工厂做技术开发挣钱，因陋就简自制了一台热压炉。1992 年冬天，西安格外寒冷，为了调试热压炉，他们在冰冷的实验室度过了春节。

正当张立同和她的同事们艰苦攻关的关键时刻，"下海经商风"又给团队带来新考验。她组织课题组讨论：咱们要么散伙去挣钱，要么继续干。大家在热烈讨论后统一了思想："我们不散伙。既要做教授，还不能做穷教授"。"要发挥群体力量去赚钱，等待机遇发展陶瓷基复合材料"。张立同被大家的精神感动了，团结就是力量。她提出"航空为本、广大基础、重点突破、军民两用"的发展策略，当年在高温陶瓷材料应用开发上取得经济社会效益，又自行研制了一台小型化学气相沉积设备，由此拉开了"碳化硅陶瓷基复合材料研究"的序幕。

1995 年，国际化学气相沉积碳化硅陶瓷基复合材料的技术鼻祖、法国波尔多大学纳兰教授被邀请到课题组，希望得到启示。纳兰教授在看过他们研制的设备后，只说了两句话："我掌握化学气相沉积技术花了20年，你们至少要用10年。”

勇攀高峰

1995年，耐高温、长寿命抗氧化陶瓷基复合材料项目终于被国家批准为“九五”预研项目，要求5年拿出在试验台上通过考核的试件和模拟构件。对于刚刚进入这个国际前沿材料领域的张立同课题组，这个要求几乎高不可攀。

不经历风雨，怎么见彩虹！张立同和同事们夜以继日地泡在实验室，却做不出一炉性能合格的试样，“九五”课题中期检查时，差点被亮黄牌，他们品尝到“至少10年”的味道。

不怕失败，就怕没有恒心！她带领课题组先后发展了四代CVI设备，试验了400余炉次，又是一个“1 000个日日夜夜”。1998年底，终于研制出第一批性能合格的试样，碳化硅陶瓷基复合材料制造工艺与设备的一系列核心技术也陆续被全面突破，获得国家授权发明专利10项，形成了具有自主知识产权的制造工艺及设备体系，研制的构件成功通过航空航天环境考核。从而获得2004年国家技术发明一等奖，打破该奖项连续6年的空缺，在国内外引起极大反响。

我国第一个超高温复合材料实验室从此诞生，我国一跃成为继法国之后，第二个自主掌握化学气相沉积碳化硅陶瓷基复合材料制造技术及其设备的国家。2001 年，法国纳兰教授再次来到西工大，看到大小各异不同规格的碳化硅陶瓷基复合材料构件非常惊讶。在给张立同院士的一封信中说："我一直在关注你们实验室的发展，我认为你们实验室不仅是一个中国的重点实验室，而且也是一个具有国际先进水平的实验室。"

永不停息

获奖后没有庆功，也没有停息，张立同带领团队又向新目标挺进：建立陶瓷基复合材料工程中心，将材料技术转化为产品技术，以满足国家需求。

2005 年工程化关键技术攻关项目获得国家批准，2008 年在西安阎良建成西工大陶瓷基复合材料工程中心；2011 年成立西安鑫垚陶瓷复材有限公司，开始走向以企业为主体，产学研结合的发展之路。与航空、航天、核能和民用数十个企业合作，产品被广泛应用，终于实现将材料技术转化为产品技术的工程化目标。

2013 年获国家发改委批准建立陶瓷基复合材料制备技术国家工程中心，并获得国家产业化项目支持，即将开始该新型材料产业化技术的研究探索。

今天，已形成以国家重点实验室为主体的材料基础研究基地，以西工大工程中心为基础的工程转化基地和以鑫垚公司为主体的产业化基地。与之对应，形成三支队伍，以教师为主体的基础研究队伍，以工程技术人员为主体的工程转化队伍和以企业为主体的生产队伍。这三个平台和三支队伍确保了我国陶瓷基复合材料的可持续发展。

西工大党委书记陈小筑（左一）和张立同院士为公司揭牌

如今，以杰青、长江学者成来飞教授为首的一批年轻学科带头人和青年骨干成长起来了，充满朝气的工程技术队伍活跃在学校与厂所之间，100 余名研究生在进行相关基础研究。与法国波尔多大学、德国宇航院、日本京都大学等院校和研究所建立了合作关系。2010 年，张立同团队终于争取到一直被西方国家垄断的该领域最权威国际会议的主办权，她作为大会联合主席，HTCMC8 会议于 2013 年 9 月 23—25 日在西安成功召开，会议盛况空前，纳兰等美、法、德等该领域顶级专家都到会，国外 18 个国家 100 余人参加，我国国际地位和影响力空前提升。现在，张立同团队又在攀登该领域的新高峰。

（材料学院　供稿）

先进制造技术的引领者

杨彭基，航空宇航制造工程学科的奠基人，我国计算机辅助设计与制造学科的创建人。他积极跟踪世界前沿，奠定了航空制造工程以及计算机辅助设计与制造学科的理论基础，培养出我国航空宇航制造工程学科的第一位博士。

杨彭基，中国航空教育家和现代航空工程学家，航空宇航制造工程科学奠基人，我国计算机辅助设计与制造学科的创建人，一级教授、国务院学位委员会批准的首批博士生导师，全国教育系统劳动模范，“人民教师”奖章获得者，享受政府特殊津贴。1958年兼任西工大研制的“延安一号”飞机总工艺师。他长期从事飞机设计、制造的理论研究和生产实践，培养了大批优秀的航空工程技术人才。他创建了计算机辅助设计与制造学科，培养出我国航空宇航制造工程学科第一位博士，为我国飞机设计、制造技术的发展做出了突出贡献。

也许在现代人眼里，这些业绩和荣誉很平常，然而如果看看杨彭基所处的时代就会明白这些业绩背后的艰辛，这些荣誉的崇高。

一

杨彭基，祖籍江苏省嘉定县，1913 年 7 月出生于上海市。1931 年，他从天津南开中学毕业并考入清华大学。当时正值“九·一八”事变，日本侵略军占领东北三省，向华北进逼。他和同学们一同去南京请愿要求出兵抗日，并到长城沿线慰劳东北军部队，下乡宣传抗日。有些同学投笔从戎，报考飞行学校，对他影响很大。他深感国家兴亡，匹夫有责，决心走“航空救国”之路，于 1933 年 9 月去比利时学习航空工程。由于他学习勤奋，成绩优异，在比利时连年获得最高额奖学金。他的毕业设计是设计一架全金属低翼飞机。20 世纪 30 年代这是一种先进的设计。1939 年通过答辩，他获得列日大学飞机设计工程师学位。为了获取飞机设计的实际知识，他到勒纳尔（RENARD）飞机制造厂任实习工程师。1939 年底，德国法西斯的侵略战争即将蔓延到比利时，战争爆发后欧亚海运势必中断，他当即决定回国。

中华人民共和国成立后，1952 年全国高等学校进行院系调整，杨彭基到新成立的华东航空学院任教授、飞机系副主任，1954 年兼任飞机工艺教研室主任，筹办飞机工艺专业。他从编写教学计划、教学大纲和教材开始，到讲课、指导学生做毕业设计，筹建实验室，同教研室教师一起经历了飞机工艺专业教学的全过程。1957 年西工大成立后，杨彭基任西工大教授、飞机系副主任。1958 年，拥有飞机设计、飞机工艺等专业的飞机系师生创议设计、制造飞机并拟命名为“延安一号”。杨彭基由于始终怀有设计、制造飞机的愿望，并认为学生应当接受一定的实际锻炼，所以他支持这项创议并担任了总工艺师。1960 — 1966 年间，杨彭基在飞机工艺教学和实践的基础上，开始考虑如何提高我国飞机制造工艺水平和飞机制造工业的发展问题。首先，他针对当时飞机生产中普遍存在的工件间以及工件和工夹具间配合不协调问题，研究了飞机生产中的准确度。其次，他认为我国除了要掌握苏联飞机工艺的理论和经验外，还应当吸收欧美国家的飞机制造技术，因而翻译并出版了法国吉贝尔教授所著《飞机和导弹制造》一书。此后，为了使飞机生产现代化，他注意到了自动化和数控技术在飞机制造中的应用。但由于“文革”的影响，这些正确的设想都被迫中断。

1978年党的十一届三中全会后，杨彭基感受到了科技的春天已经到来。他决心把数控技术和电子计算机技术应用于航空工业。在他的倡导下，建立了计算机辅助设计与制造学科，组建了该学科的研究基地，由他担任计算机辅助设计与制造研究中心主任。该基地培养了这一学科的硕士生与博士生，发表了大量著作与论文，开展了计算机辅助设计与制造的国际学术交流，在他带领下完成了多项国家重要科研任务。

二

20世纪50年代，我国航空工业发展很快，仿制了多种苏联飞机。杨彭基注意到当时各厂普遍存在的一个问题，就是生产中的“协调问题”，即在飞机组合件、部件对接时配合不良。经过思考，他认为“协调问题”主要是制造准确度问题，从而开始对飞机生产准确度进行研究。1961年，他以新工艺讲座的形式讲解了“飞机生产几何准确度”，并提出部件对接部位的尺寸误差是由该尺寸的形成过程所造成的，即由形成最后尺寸的各环节误差累积造成的。为此，他对累积误差问题进行了研究，查阅了大量资料，于1962年在学校科学报告会上作了“飞机制造中累积误差之计算公式”的报告。在报告中，他分析了可采用的5种累积误差的计算公式后，认为在计算飞机生产准确度时，应以波洛达却夫公式作为基本公式。为了应用这一公式，他认为需要确定飞机生产典型环节的误差分布律及其不对称系数 α 和相对分

布系数 k。为此，1962 — 1965 年间，在杨彭基的指导下，他的 3 位研究生在累积误差公式的基础上，对“以装配孔装配部件的准确度”“在型架装配机中安装型架的准确度”和“以光学仪器安装型架的准确度”等课题进行了研究，并做了大量实测与统计工作，取得了典型环节的分布曲线和 αk 系数。1964 年，在处理解决“协调问题”的同时，他认为不同材料的热膨胀对装配工艺中的尺寸协调也产生重要影响，从而在我国首先提出了热膨胀协调误差问题并给出了计算公式。

三

1976 年，杨彭基带领学生在工厂对数控技术在飞机生产中的综合应用作了初步尝试，1977 年发表了《飞机设计生产一体化实践报告》一文，阐述了当时我国在这一技术领域的水平，并提出了缩短我国和世界先进国家间差距的措施。为了缩短这一差距，他认为培养人才是最根本的途径，因而从工厂返校后，即在本科生专业中增设了“程序算法语言”和“数学模型”等新课程并亲自讲授。1978 年，他开始培养这方面的硕士研究生。1982 年，国务院批准杨彭基为我国首批博士研究生导师，他培养了我国第一位计算机辅助设计与制造学科的博士生。到 1994 年，他已培养出该学科的博士 20 人，在校正在培养的 10 人。1990 年国家批准该学科设立博士后流动站，他担任指导教师。

1978年，正当国内航空工厂与院校把注意力集中于计算机制图、数控加工和数控测量时，他却首先瞄准了图形显示器（又称图像仪）及其在飞机设计与制造中的作用，并写了《光笔图形显示器及其在“一体化”中的应用》一文。随即，他亲自和几位教师一起掌握了图像仪的使用及其软件系统，编制了一套工夹具设计应用程序，为实现计算机辅助设计开辟了道路。同时，他十分重视建立配备有图形显示器的实验室，并于1982年建成原航空工业部第一套以国产设备为主的“交互式图形显示计算机辅助设计与制造实验基地”。1986年基地更新了设备，建立了以PRIME—550Ⅱ为主机的计算机辅助设计系统。系统的建立为研究生的培养和科研工作的开展起到了重要的作用。1992年获得世界银行贷款，在西工大又建立计算机辅助设计与制造国家专业实验室。在筹建过程中，他亲自参加设备选型、软件选择的论证会，是许多重要的决策性意见的提出者。

1981年，杨彭基担任了原航空工业部“六五”关键课题“7760计算机辅助设计、制造与管理系统”的顾问。这是一个由研究所、工厂、学校共同组成，有140多位专家参与的大型集成化软件系统。1986年该系统完成，被科技日报和中央电视台共同评选为1986年全国十项重大科技成果的第一项，1988年获国家科技进步奖。自20世纪80年代初，他就指导研究生从事利用图形显示器编制多轴数控加工程序。经过10年的实践与提高，形成了完整而实用的NPU（西工大）计算机辅助设计与制造系统。这个系统于1992年在国家科委组织的“全国自主版权软件”的考评中获计算机辅助制造项第一名，其代表作“大型水轮机叶片系列几何造型及多轴数控加工图像编程系统的研究”于同年获国家科技进步奖。10多年来，他还承担了原航空工业部某型号工程计算机辅助制造技术等多项科研任务。杨彭基教授对承担科学研究任务有个“主导思想”，即学术上是国际水平的，是国家的重大科技任务，要有较大经济效益。他还说过：“对国民经济有重大作用、国防上需要的重要项目，哪怕赔钱也干。”

杨彭基及其同事们经过多年努力，在人才培养、实验基地建设、科学研究等方面取得显著成就，终于形成了计算机辅助设计与制造学科。1984 年杨彭基被正式任命为西工大该学科领导小组组长。1986 年学校成立了跨系的计算机辅助设计与制造研究中心，他出任中心主任。1985 年他在《航空学报》上发表论文《计算机辅助飞行器设计与制造概况》，阐述了计算几何、交互图形显示学、数据结构和数据库、数控技术是支撑计算机辅助设计与制造学科的四大技术基础，从而为这一新学科的建立提供了理论依据。1984 年和 1986 年这一新学科连续被航空工业部确定为部重点学科，1988 年被评为国家教委重点学科。计算机辅助设计与制造学科一直坚持“老中青结合，建设人才梯队，团结一致共同奋斗”的精神，这也是该学科在国内享有盛誉的主要因素之一。

四

杨彭基自 1942 年起，从事教学工作已半个世纪。他在指导研究生时，强调理论联系实际，强调提高理论水平，强调为国民经济服务。他一般要求完成论文分两个阶段：第一阶段结合实际任务，发现高难度问题，要求从理论上予以解决；第二阶段，针对所发现的问题进行深入研究，要求取得有国际水平的成果。研究生们用 6 个字概括导师的培育，即“管得严，放得开”。“管得严”是指要求研究生在业务上和思想品德上都要高标准；“放得开”是指在学术思想上广开思路，百花齐放。因此，他培养的研究生的水平，在后续学习和实际工作中得到国内或国际认可。博士学位论文《空间三角网格上的 C 和 G 插值》受到世界著名计算数学家波姆（W. Bohm）教授的重视并为论文作者申请到“洪堡奖学金”。博士论文《多节点布尔和曲面交互飞机外形设计》受到诺丁汉大学生产工程系系主任卡莱特（Carlett）教授的赞赏，邀请论文作者去该大学做博士后研究。1991 年这两位博士生被国务院学位委员会授予“做出突出贡献的中国博士学位获得者”，同年被西工大破格提升为教授。

杨彭基对博士生在政治思想上要求同样严格。每当他们出国前都要对他们讲：“我对出国深造是很支持的，但是总希望学成后回国。学完后多待一段时间，取得国外经验和技术，我也赞成，但希望最终能回来为国家出力。”在他所培养的 20 名博士生中有 6 名曾先后出国，已有 5 名回国。

受到杨彭基教育的学生对他都有深厚的感情。一位 1991 年破格提升为教授的年轻博士生在他论文的“致谢”中写道：“整个论文工作的完成凝结着杨老师的心血。他那渊博的知识，严格的治学态度，以及言传身教的学者风范将使作者受益终生。”交通大学航空系 20 世纪 50 年代初毕业生、学部委员顾诵芬院士在 1992 年 4 月撰文回忆老师教诲时仍然记得：“在大学里最后一年杨先生教我们飞机设计，而且作了一个相当分量的设计作业，对我来说受益很大。印象最深的就是设计一定要有规范。我一接触到飞机设计就关心规范的收集。在设计教练机时，我们收集到英国的 AP—970、美国的 CAM—0、苏联 1947 年的强度规范，避免了出大漏洞。这就不得不使我感激杨先生的教诲。”

（执笔人：张庆恩）

百年航空与百岁老人

姜长英，从20世纪30年代就在极其艰难的条件下从事航空史研究，几十年如一日，为国家保存、整理、考证了大量珍贵的航空航天史料，是中国航空史研究的权威和奠基人。

指南针、造纸术、活字印刷和火药，每个人都知道中国的“四大发明”，但要说到风筝、火箭、孔明灯和竹蜻蜓，把它们作为老祖宗对世界航空的突出贡献，却鲜为人知了。中国是火箭的故乡，利用反力推进原理制造和使用火箭，是我国的伟大发明。遗憾的是，今人在火箭发明的年代上还是众说纷纭，不同书刊杂志相差竟有好几百年！风筝起源于我国，是现代飞行器的雏形，而现在人们连最早风筝是“纸鸢”还是“木鸢”都未搞清……泱泱大国，从事航空史研究的人寥若晨星。但在中国西部古都，一位世纪老人却把毕生心血都用在祖国航空史的研究上。他就是中国航空史研究奠基人、西工大姜长英教授。

撰写《中国航空史》

姜长英教授1904年11月11日生于上海市川沙县，他的童年在军阀混战中四处奔波，少年时代受到周恩来的影响参加过“五四”爱国运动；青年时代从南开大学毕业后，于1926年赴美留学学习航空工程。在以后的80多年里，不管是在上海交通大学、华东航空学院，还是西工大，姜长英都与航空结下了不解之缘，并为之奋斗一生。

20世纪30年代姜长英开始从事航空史研究，他先后撰写了《中国古代航空史话》《中国航空史料》《中国近代航空史稿》等文稿，两万余字的《中国近代航空史》被收入《中国大百科全书·航空航天卷》。1987年，倾注姜老几十年心血的著作《中国航空史》正式出版，它是我国第一部航空史著作，以其资料翔实，内容丰富，为许多专家学者所引用。著名科学家钱学森曾写信给姜老，称赞他：“多年来研究我国航空航天历史，很有成绩。”《中国航空史》经修订，90年代在台湾重版；2000年10月，清华大学出版社出版了最新版本，并被专家学者誉为集权威性、科学性、历史性和思想性为一体的中国航空界的传世之作。

姜老治史严谨认真，持之以恒。他从20世纪30年代就开始收集资料，仅手抄资料就有23册。购藏的航空航天书刊不仅堆满书房，还先后捐赠上海交大和西工大图书馆3 000多册。姜老收集资料尽可能接近历史真实，特别是中国近代航空史料。1923年6月，飞行家杨仙逸制成金尼式陆上双翼教练机一架，大元帅孙中山偕夫人宋庆龄参加试飞典礼，并命名为“乐士文一号”。为此，姜老专门写信给宋庆龄询问“乐士文”之意，得到“宋办”回信解释。1932年，“一·二八”

事变时，十九路军在上海抗击日军，菲律宾华侨捐赠飞机30架。为查证此事，姜老写信给蔡廷锴，并收到蔡将军亲笔回信。所以，姜老的《中国航空史》专著，涉及天文地理、古今中外，均旁征博引，图文并茂，有史有据，令人信服。

创办《航空史研究》刊物

为扩大中国航空史研究队伍，开辟研究阵地，姜长英在1983年80岁高龄时创办了《航空史研究》学术刊物。初创阶段，他自编、自校、自印；一封封写信向“老关系”约稿。姜老视力衰退，并患有严重的白内障，每次审稿写字，眼睛几乎触到纸上，行文遣词反复推敲。每期出刊，他都自己寄、自己送。姜老的精神感动了大家，很快在刊物周围聚集了众多的撰稿人和读者。如今，《航空史研究》已成为有国际标准刊号和国内统一刊号的正式刊物，并加入了《中国学术期刊（光盘版）》和《中国学术期刊综合评价数据库》。

姜长英的奠基人作用还体现在20世纪80年代组建了航空史研究室和创建了中国航空史研究会，姜长英是研究会首任理事长和名誉理事长。研究会吸收了不少中国近代史的见证人及一大批中青年航空史研究者，抢救了一批珍贵的史料。一支航空史研究队伍已经形成，一批有水平的研究专著不断问世。

为“直升机”正名

为“直升机”正名，是姜长英学术研究的一个重要成果，也是对我国科普教育的一大贡献。1982年，姜长英在《航空知识》上发表谈《直升机和直升飞机》的文章，认为人们习惯地将“直升机”叫做“直升飞机”是不科学的，错误的根源是把飞机和飞行器的概念混淆了。为以正视听，姜长英在一次次会议中反复阐明观点；平时不断地撰写文章，与大家探讨，《航空史研究》也出了多期专门探讨“直升机”的特刊。他还自费在《老人天地》杂志上刊登《为直升机和直升飞机正名》的学术广告。

姜长英的努力在社会上激起了反响。1984 年 6 月 29 日《光明日报》刊登了姜长英《为直升机正名》的文章，同年 8 月《新华文摘》转载；1987 年 1 月，《辞书研究》刊登了姜长英《直升机辨》一文；《航空知识》从 1981 年起一律规范地用“直升机”，之后航空系统出版物中都采用了正确的名词；中国航空学会和陕西省航空学会专门为姜长英印发了证明信件，认为他的意见是正确的。

姜长英呕心沥血，孜孜以求，把毕生精力献给了航空史研究事业，称他是我国航空史研究的奠基人，他当之无愧。

（执笔人：徐澄）

航空教育家季文美

季文美，我国著名航空教育家、力学专家。在交通大学、华东航空学院、西工大长期从事航空工程教育，担任西工大校长和名誉校长、中国航空学会理事长等领导职务，形成了一整套先进的办学理念和教育教学思想，并付诸实践。他创建了西北西南科技协作中心，并对发展中国航空工业有独到的研究。

季文美1912年1月5日出生于浙江省义乌县。1930年考取交通大学电机工程系，1936年获意大利都灵大学航空工程博士学位。1942年任教交通大学，1944年任该校航空系主任，1952年任华东航空学院副教务长。华航迁校西安后任西安航空学院副院长、西工大教务长。1979年起，季文美先后任西工大副校长、代校长、校长、名誉校长等职。在担任西工大领导期间，季文美致力于拓宽学校专业面，大力进行教育教学改革，提高科学研究和人才培养质量，为学校的发展打下了坚实的基础。1983年，他创办了西北西南科技协作中心，开创了航空院校面向社会办学、产学研结合的新路。季文美先生的教育教学思想并不因时间的流逝而失色，相反，至今还在闪烁着教育理性的光辉。

季文美在我国著名高校工作多年并长期担任学校领导职务，同时还是航空教育界影响很大的教育大家。

治校之道

季文美担任西工大领导期间，正值改革开放之初，国家迎来了科学与教育的春天。季文美在拨乱反正、整顿恢复教学秩序的同时，明确了西工大的定位和发展方向。

（1）办多科性理工大学。他主持制订的学校“七五”发展规划指出，“发展的战略目标是以提高为重点，以改革为动力，把学校办成以工为主，理、工、管、文相结合的一流大学，位于全国重点大学的前列”。西工大增设了数学、物理、力学和管理专业，强调理科专业应与工科结合，为工科服务，管理专业亦要有工科的内容和特色。另外，还开设了文史课程和讲座，以丰富学生的人文科学知识，扩大观察分析问题的视野。

（2）专业设置要军民结合、面向社会。西工大很多专业以前按军工产品或工艺类型设置，内容过窄，不适应国民经济和国防建设的需要。20 世纪 80 年代初，季文美和有关同志大胆提出，“打破部门所有制，实行军民兼顾方针”，扩大专业面向，为部队和地方培养人才。在这一思想原则指导下，学校的专业调整改造逐步有了进展，出现了新面貌。

（3）发展横向联合，加强学校与社会的联系。1983 年，西工大与新疆克拉玛依石油管理局签订了人才培养和科学技术全面合作的协议。此事开国内国防院校与民用大企业横向联合之先河，国内及香港地区十多家报纸都作了报道。同年，季文美倡议建立西北西南科技协作中心，得到广泛支持，并很快发展成为有 20 多个企事业、研究所参加的科技联合体，形成了校、厂、所结合，军民结合，教育、科研、生产相结合的新格局，使西工大办学、科技开发的路子越走越宽广。

同时，与国外院校科技交流与合作的局面也迅速扩大。

西工大由于在建设教学、科研两个中心，多层次、多规格、多形式办学等方面取得显著成绩，且具有地处西北国防工业重地的地理优势，经国家计委、教育部、国防科工委批准，被列入“七五”国家重点建设项目。

重视航空教育研究

季文美长期从事振动力学方面的研究，是国内非线性振动理论、挤压油膜减振机理和转子动力学等研究最早的倡导者之一，是我国著名的工程力学专家。

季文美进行科学研究，既重视密切结合实际，解决航空生产中的问题，又重视理论探讨，撰写和发表了多篇论文，有的登载在《力学学报》《应用数学与力学》《国际航空》等全国一级刊物上，有的被收入全国振动理论与应用学术会议以及全国一般力学学术会议论文集。

季文美重视科学研究不仅局限于个人的专业领域，更重要的是体现在对整个教育规律的把握上。华东航空学院初建阶段，季文美积极支持创办学报，并亲自为学报撰写论文，1955 年华东航空学院的《航院学报》创刊号上的第一篇论文就是他撰写的《应用动量矩定理时矩心选择的限制》。1982 年季文美任西工大校长，在他的关心支持下，《西工大学报》在国内外公开发行，1984 年以后它一直是中国第一个也是唯一的被《国际航空航天摘要》(IAA) 每年不间断报道的大学学报；1986 年起不间断地被《工程索引》(EI) 所报道；1990 年以来是被《工程索引》报道的两所中国大学的学报（中文版）之一。

在季文美的领导和主持下，西工大于 1981 年成立了高等教育研究会，创办了《高等教育研究》刊物，1984 年初成立了高等教育研究室。他不仅自己撰写教育研究论文，而且要求教学管理干部每年选一两个题目进行研究。

自1983年开始，季文美致力于航空事业的宏观研究。为使民航飞机尽早国产化，他同其他三位专家于1986年联名向中央提出“立即着手研制干线飞机的建议”，很快得到批准并着手实施。1990年初，他提出“关于陕西省航空支农的建议”，特别强调人工降雨；陕西省空中水资源特别充沛，人工降雨潜力很大。同年夏，他又提出“建设空中丝绸之路”的建议，《人民日报》（海外版），《中国日报》（英文版），《现代化》《国际航空》等10多种报刊先后登载，在国内外引起很大反响。1991年11月，大鹏航空公司利用国产运－8飞机从新疆运载活羊直飞阿联酋，空中丝绸之路试航成功了！他一贯重视科技知识的普及，以及青年自学和动手能力的培养。早在1942年，他就在重庆交通大学倡导航空模型的制作，这是我国航模运动的开始。后来队伍不断扩大，人才辈出，很多人就因为参加过航模活动而献身航空事业，其中不少人现在继续为微型无人机（早期航模的发展，在空战中能起重要作用）的研制做出贡献。1992年，他又提出“在西安筹建航空航天博物馆”的倡议，获得广泛热情的支持。

自1957年起，季文美任中国力学学会常务理事，1982—1986年任副理事长；1983—1993年任中国航空学会理事长；1984—1992年任国际航空科学理事会学术委员会委员。1992年在北京召开的国际航空科学第18届大会由他主持开幕式。由于他对航空国际合作所做出的杰出贡献，在1996年第20届国际航空科学大会上，他荣获ICAS莫里斯·鲁瓦奖，是第一个获此殊荣的中国人；1999年荣获何梁何利基金科学与技术进步奖。他是全国自然科学名词审定委员会委员，先后兼任力学名词和航空名词审定委员会主任。他于1983年倡建西北西南科技协作中心并一直担任董事长。

牵住教育教学的“牛鼻子”

季文美领导管理教学工作以研究为基础，以教育理论作指导，以培养高质量人才为宗旨。他的主导思想是坚持教学为主，要求有经验的教师上教学第一线；坚持加强基础课教学，采取一系列措施，切实提高基础课教学质量，坚持重视能力培养，改革传统教学方式，抓教学改革试点，加强学生的实验、计算机操作和外语能力的培养和训练。

季文美率先倡导并积极实行课程基本要求、学分制和教学效果评价制度。他认为教学大纲中应规定教学的“基本要求”，以明确课程的要点和重点，便于教师掌握，也可作为考核评估课程教学质量的具体依据和标准。1962 年，他在高教部教学大纲会议上提出这一建议，1986 年，国家教委关于印发《制定高等学校工科基础课教学基本要求的计划方案》的通知中，吸收了这一主张，明确指出：课程教学基本要求“是作为合格的工科本科必须达到的最低要求，是制订教学计划和教学大纲的依据，也是编写教材和进行课程质量评估的依据”。他积极主张实行学分制，认为实行学分制，既有利于因材施教，培养尖子学生，又有利于边缘学科的发展，是提高教学质量的一项重要措施。从 1981 年起，西工大各系开出大量选修课。季文美于 1979 年提出“教师教学水平的评审方法的建议”，并做了理论上的论证，引起许多院校的极大兴趣，为国内多本高教（校）管理专著引用和肯定。西工大教务部门还简化设计出《教学情况调查表》，用模糊数学方法进行量化，并采用计算机统计，作为期中教学检查的一种重要措施，对促使教师重视教学、提高教学质量起了积极作用，也广泛沟通了教与学的联系。

季文美重视教师队伍的建设。20 世纪 60 年代初，他曾举办研究生班和青年教师进修班，组织学习信息论、网络理论等当时的新课程或专题，学习英语、俄语、德语等外语。他亲自听青年教师讲课，组织老教师介绍教学经验。他在《光明日报》上连续发表的 3 篇文章《同青年教师谈谈讲课问题》《同青年教师谈谈备课问题》和《同青年谈谈自学问题》，不仅论述了教学方法，也涉及了治学之道，是他多年工作的概括和总结，内容丰富、精辟，受到广大教师的欢迎。在他的关心下，许多青年教师很快成长为教学和科研的骨干力量，不少人走上领导岗位。

季文美长期为本科生和研究生授课，他不断改进教学内容和教学方法，倾心钻研，精益求精，常教常新。他先后讲授过应用力学（理论力学）、材料力学、振动理论、非线性力学、工程控制论等课程。他讲课层次分明、概念准确、深入浅出、言简意赅，深受学生喜爱，也为同事所钦佩。

季文美治学严谨。他每次编写教材，都要结合自己历年教学心得，查阅大量国内外有关资料，博采众长，将先进理论和科学成就融入自己的教材体系。对一些定义和难点的阐述，反复推敲，字斟句酌。因此，他编写的教材熔铸了深厚的学术造诣和丰富的教学经验，内容充实，逻辑严整，文辞洗练，体现了很高的学术价值和教学水平。他在1950年前后编译的《应用力学》和《材料力学》，曾被高等院校广泛采用，直到20世纪80年代仍在香港继续出版，并在美国、日本、中国台湾等地发行；1985年编写了《机械振动》。除编写教材之外，他还与他人共同译校了《科学技术百科全书》力学卷（1982），翻译了《振动冲击手册》（1986）等书。

季文美在为祖国的教育事业耕耘50多个春秋里，诲人不倦，教书育人，奖掖后进。他以广博深邃的学识、严谨求实的学风，教育和熏陶了几代人。季文美的教育实践丰富了他的教育思想，并将永远启迪后代。

（执笔人：陶秉礼　唐宗焕　张庆恩）

中国航空发动机工程教育的泰斗

王宏基，我国著名的航空发动机教育专家和超音速燃烧学科带头人；所著《内燃机》以及负责编写的《航空叶轮机原理》等，成为各航空院校的主要教材；从20世纪40年代以来，长期担任多所院校航空工程系主任和航空发动机系主任，筹建了喷气发动机试车台和实验室，开展了中国第一个活塞式航空发动机试验、喷气发动机试验；瞄准世界科技前沿，率先开展超音速燃烧研究；培养出我国第一位航空发动机专业博士。

航空发动机被誉为“工业之花”和飞机的“心脏”，是一个国家科技、工业和国防实力的重要标志。中国航空发动机工业是在一片空白的基础上发展起来的，从最初的仿制、改进到可以独立设计制造高性能航空发动机，走过了一条布满荆棘的发展道路。提到航空发动机，就不得不提到我国著名航空发动机工程教育专家、我国超音速燃烧研究的学术带头人、国内首批博士生导师王宏基教授。

一

王宏基1912年1月26日生于江苏省吴江县；1933年毕业于交通

大学机电学院，先后在无锡戚墅偃电厂、上海亚光电器制造厂任工程师。1934 年公派意大利留学，在意大利都灵皇家工学院攻读航空工程；1937 年抗日战争开始不久，他奉召回国，到成都空军机械学校任教官。1940 年赴贵州省遵义市任国立浙江大学教授；1944 年应聘到昆明西南联合大学任教授。在浙大和西南联大期间，主要为高年级学生讲授空气动力学和实用空气动力学，并指导空气动力学实验。

抗日战争胜利后，1947 年，王宏基担任交通大学航空工程系主任，组织建立了中国第一个活塞式航空发动机试车台。该试车台后来在华东航空学院、西安航空学院和西工大成立初期，都发挥了很大作用。1952 年院系调整时，由交通大学、南京大学（原中央大学）、浙江大学三校的航空工程系合并成立了华东航空学院，王宏基担任华航航空发动机系主任。

1956 年秋，华东航空学院奉国务院之命由南京迁往西安，改称西安航空学院。1957 年夏，第二机械工业部和高等教育部决定西安航空学院和咸阳西北工学院合并筹建成立西工大，王宏基教授是筹建委员会成员之一。从西安航空学院到西工大，王宏基教授一直担任航空发动机系主任，1980 年起任名誉系主任，直至 1989 年退休。

二

新中国成立初期，高等学校特别是理工类院校，一般都选用国外现成的教科书作为教材。从长远考虑，要发展我国自己的高等教育，就必须有适合自己国情的、高水平的教材。王宏基花费了很大精力，编著了《内燃机》一书，该书1951年由上海龙门联合书局出版发行，颇受内燃机专业界的欢迎，当时被清华大学、天津大学、山东大学、江南大学等院校的相关专业选用，一些内燃机制造厂也把该书作为设计参考资料。

1952—1953年，为着手我国高等院校的教材建设，高等教育部选择了一批苏联教材分给各院校组织翻译，并将译本择优推荐为高等学校教材试用本。其中A. C. Орлин等著的《内燃机》一书，高教部指定要王宏基翻译。王宏基凭借他在内燃机专业方面深厚的造诣，顺利译完了这部专著，并于1953年由上海龙门联合书局出版。王宏基的译本被高教部推荐为高等学校教材试用本。

1959年冬，西工大等几所国防高等工业院校被划归原国防科委领导。原国防科工委在航空工程类院校选聘部分专家学者组成航空技术委员会，王宏基被聘为该委员会成员。翌年，国防科工委组织选编各专业教材。王宏基受命主持了航空发动机专业教材选编会议。会后，王宏基又负责编写了《航空叶轮机原理》一书，并于1961年由北京科教出版社出版发行。该书成为各航空院校的主要教材，后来也成为各航空发动机制造厂和设计部门的主要参考资料。

“文革”期间，王宏基虽然受到严重冲击，但他不计个人恩怨，仍于20世纪70年代初欣然参加了对美国NASA SP—36修订版《轴流压气机气动设计》的翻译工作。该书于1975年由国防工业出版社以“秦鹏”的笔名出版发行，受到航空科技界的好评，被公认为是一部高质量的好译本，也是一部很有价值的教学和设计参考资料。

在系里，王宏基总是想方设法帮助年轻一代教师更快、更好地成长。为了提高教师的英语水平，王宏基组织他所在的航空发动机研究室教师翻译了《燃烧空气动力学》和《燃气轮机燃烧室设计和性能分析（设计方法和研制技术）》两本书。王宏基对译稿作了耐心细致的修改。后一本书于1982年由航空工业部承印内部发行。该书对燃气轮机燃烧室的设计和研制具有很大的实用价值。

王宏基一贯重视高等学校的教材建设工作，他曾任航空工业部、航空航天工业部航空院校教材编审委员会副主任，为航空高校教材建设做出了贡献。

三

对于工科教育来说实验是重要的环节，要实验就要有实验室和实验器材。当时西工大建校不久，还没有完整配套的实验室，这将会严重影响教学工作和科学研究的开展。于是，王宏基着手在航空发动机系筹建实验室。1957年，他筹建了喷气发动机试车台。为保证试车台顺利建成，从联系设计单位，到定制消音砖等事宜，他都亲自负责。试车台架建成后，又亲自组织人员进行技术验收。喷气发动机试车台为进行教学实验、喷气发动机喘振试验和科学研究创造了条件。在他的亲自组织和关心下，航空发动机系先后建成或购置了单、双级轴流压气机试验器、扭力测功仪、激光测速、激光全息测试等实验设备。为了开展对燃烧理论的试验和研究，王宏基参与了专门用于研究发动机燃烧情况和燃烧学实验的D—72燃烧试验器的设计、建造和调试工作。

这批实验室在教师从事科学研究、本科生实验技能的培养以及研究生进行课题研究等方面发挥了重要作用。

四

1958年秋，应沈阳黎明机械厂设计所邀请，王宏基带领一批专业教师和毕业班学生赴该所参加红旗二号涡轮喷气发动机的设计工作。王宏基认为，这是让青年教师在实践中锻炼提高和毕业班学生理论联系实际、真刀真枪练习的极好机会。他要求教师和学生都要珍惜这次机会，认真对待设计。王宏基言传身教，使大家都得到了理论联系实际的锻炼。

在他的倡议下，航空发动机研究室教师集体学习计算机语言，为掌握计算机程序设计打下了基础。他还组织教师们轮流讲授环形燃烧室的计算机程序设计，使大家更好地熟悉了这门技术。

王宏基是被国务院学位评审委员会第一批批准的博士研究生导师。为了扶掖后辈，他聘用学术造诣较深的中青年教师为博士研究生副导师，这些副导师后来均被批准为博士研究生导师。在燃烧学、发动机原理和航空叶轮机原理等方面，他为国家培养出了一批合格的博士。

为了让出类拔萃的硕士生和博士生了解世界科学技术发展的水平和动态，他总是尽力推荐，并多方为他们联系和落实接收单位与指导教师。如现任总装备部副部长、十八届中央候补委员刘胜中将就是王宏基教授推荐到美国马里兰大学与西工大共同培养的博士。凡在他名下录取的直接派赴国外攻读学位的硕士研究生，他也总是热情地为他们联系并落实导师。

人才培养自然是高校的核心。对于王宏基来说，他考虑的是双向的人才培养，一是为社会培养人才，二是为本系培养优秀教师。

蔡元虎是王宏基培养的第一位航空发动机专业博士，也是我国自己培养的第一位航空发动机专业博士。蔡元虎现任西工大教授、博士生导师，曾任西工大动力与能源学院院长。

蔡元虎是这样回忆王宏基教授的："在教学、科研、论著撰写和管理工作中，王老师始终坚持和倡导实事求是、认真严谨、一丝不苟的治学态度和工作作风。我至今清楚地记得，王老师曾把我的博士论文先后修改过三次，每次修改都很认真。他要求论文中的全部公式都必须自己亲自推导一遍，引用他人的每个结论、每条曲线、每一句话，都应注明是哪一本参考文献，他甚至连标点符号也予以纠正和修改。"

图中左二为蔡元虎

五

1961年，王宏基开始从事燃烧学的科学研究工作，撰写了《空气喷气发动机中燃烧室的模化问题》的论文，从而在国内航空界率先开始了这一领域的科研工作。

十一届三中全会以后，王宏基乘改革开放的大好形势，综合了国外大量的科技信息和资料，预见到超音速燃烧冲压发动机在空天飞行器上应用的可能性和有利因素，于1979年提出“瞄准世界科技前沿，开展超音速燃烧研究”这一有远见卓识的建议。

王宏基1984年在中国航空学会第四届燃烧学术交流会上，应邀作了“当前航空发动机中燃烧科研的发展趋势”的报告，着重阐述了计算燃烧学的问题。

王宏基支持并组织航空发动机研究室的教师、研究生赴国外研究超音速燃烧问题。在王宏基的倡导下，西工大从1984年在国内率先招收超音速燃烧研究方向的硕士研究生，1987年在航空发动机博士点内设立超音速燃烧研究方向并招收博士研究生。在经费少、各方面都很困难的条件下，王宏基组建了国内第一个“超音速燃烧”课题组，更深入地开展有关超音速燃烧的研究。他与原航天工业部第三十一所协作，在国内率先完成了超音速气流中氢气自动着火与燃烧的实验研究。超音速燃烧课题组艰苦奋斗，自力更生，经过十余年的努力，终于获得了大量的研究成果。1993年1月由课题组成员刘陵执笔撰写出版的专著《超音速燃烧与超音速燃烧冲压发动机》获1994年第四届中国图书奖，1995年又荣获国家教委第二届全国高校出版社优秀学术著作特等奖。而课题组的“超音速燃烧技术”和“超音速燃烧机理研究”分别获1995年度国家教委科技进步三等奖和1995年度航空科学基金二等奖。

（统稿人：刘银中）

中德合作的典范

廖明夫、刘启洲教授通过与德国柏林工业大学开展合作研究及人才培养，不仅实现了西工大招收外国留学生零的突破，而且把这种合作推进上升到中德两国政府的层面。10年间，培养中德风电技术骨干数以千计，形成了中德“产学研政”全行业参与的协同教育网络，构建了完整的风电卓越工程师培养体系。中德联合培养人才规模之大、水平之高、时间之长，前所未有。

能源是当今世界的热门话题，特别是绿色能源更是备受瞩目。寻找清洁、环保、可再生能源已是世界的共识。改革开放以来，我国经济持续高速发展，环境恶化和能源短缺逐步成为发展的“瓶颈”。寻找优质的绿色能源并实现其可广泛使用，成为我国亟待解决的问题。风就在每一个人的身边，风能是大自然赐给人类的免费的宝贵资源。实现风能的高性价比推广，是全世界每一个替代能源研究人员梦寐以求的事。

慧眼识人才

20世纪70年代，罗马俱乐部关于化石能源逐步枯竭的报告以及两次石油危机影响深远，唤起了人们对能源和环境问题的思考。

1985—1986年，刘启洲作为访问学者在柏林工业大学遇到了嘎什教授。嘎什教授是国际著名的结构动力学和风能学专家，是德国当代风力发电行业的奠基者。他从1979年开始研究风力发电技术，并于1984年在柏林工大开设了“风力发电”课程，培养了一大批风电人才，推动了德国风电行业的发展。他撰写的专著《转子动力学》《结构动力学》和《风力发电技术》是德国机械和风电工程师人手一册的指导书。在两人的合作研究期间，刘启洲的为人、为师和为学深受嘎什教授的赞赏，因此建立了密切的合作关系。他们联合向德国大众汽车基金会申请合作科研项目，并获得8.2万马克的资助。该项目支持双方在西工大联合开展“柔性转子变刚度动平衡技术”的研究，德方向西工大提供电机、电机控制器、振动传感器和动平衡测量系统。德方所支持的上述硬件系统在后续的教学与科研中持续应用了近20年，可以说正是这一项目对西工大发动机振动学科方向的发展起到了重要的推动作用。

图中左为刘启洲教授，右为嘎什教授

1988年，嘎什教授来西工大进行学术交流期间被聘为顾问教授。为培养年轻教师，刘启洲着意安排青年教师廖明夫参加嘎什教授在西工大的学术活动，并得到嘎什教授的赏识。1990年，在刘启洲教授的推荐下，嘎什教授邀请廖明夫作为联合培养博士生赴柏林工大学习和工作。作为嘎什教授的学生，廖明夫目睹和亲历了德国风电行业的兴起和产生的重大影响。

小试锋芒

在嘎什教授的指导下，1990—1992年，廖明夫开展了“裂纹转子的振动特性及其监测技术”的研究，建立了裂纹转子的进动理论和裂纹诊断方法，获得欧洲和美国专利，也立刻受到企业的关注。1993年，廖明夫受邀再次赴德国，与德国申克公司合作，将这一专利技术开发成旋转机械状态监测与故障诊断系统。该系统在欧洲5个国家几十家企业获得应用。

1992年，廖明夫回国后，组建了科研团队，白手起家，开始了艰苦的创业。此时，刘启洲教授为航空发动机系科研副主任。他对廖明夫团队的发展给予了无微不至的关怀和支持。当时，在“军转民”政策的引导下，廖明夫领导的团队充分运用在德国学到的知识和技术，特别是利用与德国柏林工业大学紧密合作的优势，开展“航空发动机振动监测和故障诊断”课题研究，建立了转子进动分析理论体系。该成果获得陕西省科技进步一等奖。

德国西门子柏林电机总部曾两次委托廖明夫教授，在山东兖州和上海宝钢测试和诊断西门子电机的振动，帮助他们找到了故障原因。美国 UTC-Carrier 公司曾将其压缩机从美国运到西工大，委托廖明夫教授对其进行振动测试和分析，建立故障模式。

改革开放之后，我国石化、冶金、电力等部门开展了大规模的扩建和改造，引进了大量国外的设备和装置，经过几年运行之后，开始出现各种故障，到了“多事之秋”。自 1994 年以来，廖明夫领导的团队利用自行研制的“旋转机械状态监测与故障诊断”系统，对大型设备进行检测，为大亚湾核电站、首钢、包钢、宝钢、南钢、辽河油田、胜利油田、华北油田、大连长山岛风电场、内蒙古辉腾锡勒风电场等几十家企业诊断设备故障，解决了形形色色的振动问题，为企业提供了强有力的技术支持。这些实践活动锻炼和培养了团队，积累了丰富的实践经验和大量的故障案例，为教学和科研提供了真实、生动的素材。廖明夫教授非常重视和珍惜这些实践机会。除为企业解决问题之外，他把这些实践活动作为实践教学活动，每次现场测试和诊断，他都带领学生一同前往，让学生接受实践锻炼。这也凸显了廖明夫教授培养人才的特色和风格。

中国导师的骄傲

以往，校际间的交流主要是在教师间进行的，学生的参与度非常有限。由于文化的不同、教育方式的差别，德国大学生与中国大学生在思维方式、科学态度、处事能力和创新精神等方面均存在差异。双方学生若能互相交流、互相学习，将会取得多文化兼容、优势互补的效果。为推动西工大和柏林工大更深入的合作，经刘启洲教授、廖明夫教授和嘎什教授的共同努力，以及双方校领导和外事办的促进，1994 年，廖明夫代表西工大开始招收和指导德国留学生。这是西工大招收外国留学生零的突破。此后，廖明夫每年指导两名德国留学生，指导水平受到中德双方的高度评价，接连几位留学生的论文均被德方教授评为“1.0”（相当于我国的 100%）。所培养的 25 位德国学生，目前在德国工业界已成为有影响的企业骨干。例如，Peter Boesch 曾是空客德里斯顿试验中心主任，负责 A380 的整机强度试验；Thomas Kletschkowski 成为德国汉堡技术大学教授；Olaf Kolk 现为德国宝马汽车研发中心材料部主任。

通过 20 多年的留学生培养工作，锻炼和提升了西工大教师的教学能力和学术水平，积累了培养留学生的经验，特别重要的是，中德学生获得了相互交流和学习的机会。

十年树人

改革开放以来，我国经济持续高速发展，然而环境恶化和能源短缺逐步成为发展的“瓶颈”。当时，我国风电行业的规模化发展尚在孕育之中，大部分风电场是由国外援助项目建设的，风电机组基本上也是国外产品或由国外引进的技术，数目有限的技术骨干大都是其他领域转行到风电行业的，急需系统地学习和掌握风电学基础理论和设计技术。另外，还需要一大批受到良好风电专业教育的新生力量。1997—2000年，在德国DAAD项目支持下，廖明夫教授与嘎什教授合作，开始了风电人才培养，旨在为我国风电行业的发展提供牵引力。他们在西工大建立了风力发电技术专业实验室和本科、硕士及博士培养体系，时属国内先驱。但缺经费、缺教材、缺教师，使得风电人才培养举步维艰。当时，廖明夫教授讲授《风力发电技术》专业课程，柏林工大专门派两位助教来西工大协助廖明夫教授上课。最关键的是缺乏行业支撑和产业经验，难于支持高端人才培养的实践活动和研发演练。为此，廖明夫教授充分发挥与德国柏林工大密切合作的优势，联合嘎什教授和德国国际继续教育与发展基金会（InWEnt，现为GIZ），分析德国风电发展的历程，总结风电人才培养和行业发展的经验，制定了系统的中国风电人才培养方案和规划，并向德国政府提交了“中德风电人才联合培养”计划项目。2002年，“中德风电人才联合培养”计划获得德国政府批准，并于当年正式启动。自此，在廖明夫教授、嘎什教授和InWEnt基金会的克耐希特先生的领导下，“中德风电人才联合培养”计划全面展开，历时10余年之久。

10多年来，廖明夫团队始终以促进我国风电发展为己任，及时把握国内外风电发展的脉络，不失时机地调整“风电人才培养”的方向、模式和内容，既注重解决当前问题，又着眼于未来发展，探索出

“人才培养引领行业发展”的树人立业之道。

2002—2012 年的 10 年间，廖明夫领导的中德联合团队在开展风电硕士和博士培养的同时，实施完成了风电骨干基础培养、提高培养、风电高管培养、青年骨干国际领导能力培养、风电设计师培养、风电培训师培养等一系列的风电人才培养计划。为对我国政府在政策、法规和规划的制定方面提供支持，廖明夫联合国家外国专家局和国家能源局，邀请德国风电著名专家同我国风电行业领导和专家，共同举办了“中德风电技术高端研讨会”。研讨会的主题是交流风电技术发展的新进展，但主要还是针对我国风电发展遇到的难题和困境，其中包括法规分析、风电机组设计、质量控制、风电并网、海上风电等重要议题。每次研讨会的水平和规格都非常高。风电行业的领袖、技术主管和政府高官几乎每次都参加或主持研讨会。作为一名教师，能多次组织如此高规格的研讨会，并不多见。

10 年间，中德双方共组织人才培养和专题研讨活动 44 次，其中 15 次在德国实施。参加活动的风电企业和机构 173 家，培养的风电技术骨干数以千计（中方专家和学员共计 1 366 人次），其中近 200 名学员已经成为我国风电行业企业领导和技术负责人，为我国风电的发展做出了突出贡献。负责组织、授课、指导设计和实习的德方单位达 79 家，包括德国政府、德国议会、德国所有与风电有关的大学和研究机构以及整个风电行业，德方专家 272 人次，几乎囊括了所有德国当代风电发展的奠基者和著名专家。

廖明夫领导实施的“中德风电人才联合培养”计划，形成了中德“产学研政”全行业参与的协同教育网络，构建了完整的风电卓越工程师培养体系，开展了大规模、高水平的风电人才培养，推动了我国风电事业的发展。廖明夫教授为“中德风电人才联合培养”计划的实施倾注了大量心血，表现出高度的责任感、敬业精神和学术水平，赢得中德双方专家的尊敬。例如，每次培养活动中，廖明夫教授都用

3种语言（中文、德文和英文）进行专业讲解和交流。

规模如此之大、水平如此之高、时间如此之长、形式如此之多的国际人才联合培养项目，前所未有。为此，2012年，国家外专局和能源局组织编委会，专门出书总结廖明夫教授与德国柏林工大，以及德国国际继续教育与发展基金会（InWEnt）联合培养风电人才的成果和经验，该书被列为“国家引进国外智力成果示范推广丛书”。同年，国家外专局、国家能源局和工信部在北京专门组织中德风电人才联合培养的成果总结和交流大会。廖明夫教授领导的“旋转机械与风能装置测控研究所”被国家外专局命名为“国家引进国外智力示范单位”称号，国家能源局授予该所“中国可再生能源规模化发展项目优秀实施单位”称号。

嘎什教授于2009年获得“国家友谊奖”，受到温家宝总理的接见，并受邀出席新中国成立60周年国庆观礼。廖明夫教授联合团队的德方代表克耐西特先生获得2012年“国家友谊奖”，并受到马凯副总理的接见。这是我国政府对国际合作的最高褒奖。

（执笔人：贺华　刘银中）

“运—8”飞机的“千里眼”

20世纪70年代，西工大电子工程系雷达教研室承担了大型运输机“运—8”航行雷达的研制任务，教师们从图纸设计、机载航行、零部件加工到安装调试，克服重重困难，保证了雷达各项优良的战术指标，为国防工业做出了重大贡献。

人们是用眼睛来观看大千世界的，那翱翔在蓝天上的飞机又是用什么来认路的呢？那就是雷达，可以说没有雷达就没有现代飞机。

2013年1月9日，凤凰卫视《有报天天读》节目播出“日本曝光运－8巡飞路线，拟对中国飞机警告射击”的新闻，引起社会热议，人们也开始关注国产运－8系列飞机。运－8飞机是20世纪70年代，我国参照苏联安－12型军用运输机的技术标准自行研制的载重能力最大的中程多用途运输机和战术运输机。截至目前，运－8飞机已经发展成为拥有20多种专业机型的庞大家族，为我国的国防建设和经济发展做出了重大的贡献。虽然人们不会去刻意关注运－8飞机的机载雷达系统，但是我们却难以忘记，因为它是由西工大电子工程系（现电子信息学院）教职工研制的。

一

我国空军成立之初，所装备的运输机是美制C－47和苏制里－2飞机，它们的载重只有3～4吨，远远不能满足作战需求。在中印边境反击战中，由于没有载重10吨的运输机，影响了战果。1966年，为提高航空兵空运能力，中国引进了苏联安－12型军用运输机，这是载重能力为20吨的大型战术运输机，经使用空军很满意，因此决定仿制安－12型军用运输机。1968年，有关部门向当时国内最大的飞机制造基地——西安飞机制造公司——下达了研制运输机的任务，飞机命名为运输－8型运输机，简称运－8。1971年下半年，西工大郭学祖老师与周书荣老师受命去原航空工业部教育组（教育司前身）和飞机局争取雷达项目。经过努力，学校得到原航空工业部的大力支持，研制运－8飞机航行雷达的任务就光荣地落到了航空电子技术力量比较雄厚的西工大电子工程系肩上。由于当时国内没有条件仿制安－12型所安装的雷达，经调研论证，运－8飞机航行雷达就在计划装备运－7飞机的251雷达基础上进行研制，因此命名为252雷达（定型命名为航雷－2）。

接到任务后，电子工程系雷达教研室立即成立了252雷达研制小组，由郭学祖任组长，徐宝强任副组长。研制组下设总体、发射机、接收机、天馈系统、伺服系统、显示系统等6个小组，先后有20多名老师参与了研制工作。

研制伊始，正值“文革”后期，研制小组面临着巨大的困难，科研环境和设备条件相当差。据参与研发的老师们回忆，当时国内电子元器件设备厂家的生产运营很不正常，相关资料也无从查阅，使得研制水平原本就落后于国外的局面愈加严重。同时，研制工作还不断遭受政治运动的干扰，严重影响了研制小组的工作进度，为科研任务的顺利完成带来了困难。

在这样恶劣的条件下，参与252雷达研制的老师们发扬了自力更生、艰苦奋斗的延安精神，以一种强烈的责任感和使命感投入到祖国的国防事业中。从图纸设计、零部件加工到安装调试，研制小组的老师们都亲力亲为。因为图纸完全得手绘，经常需要加班加点；电子器件采购困难，零部件就全部由学校实习工厂加工；没有电子计算机，大量数据只能依靠手算和手摇计算机实现。老师们感慨地回忆道：对于研制252雷达这一国防重点项目，无论是主管干部还是普通工作人员，都有一份责任感与使命感，大家首先想到的不是个人的利益得失，而是国家民族的兴衰荣辱！李中兴老师激动地说：“国防事业的需要、军队战备的需要就是国家的命令，就是我们的责任!”这种使命感和责任感深深地烙印在每一位参与研发的工作人员心底，激发着他们无穷的智慧和力量，支撑他们奋勇攻关、刻苦钻研，完成了一项又一项看似不可能实现的任务。当时，虽然物质条件极为艰苦，但令人欣慰的是研制小组人员阵容强大，攻关力量雄厚。在交谈中，几位老师都谈到：252雷达研制期间，正值基础课教师下到专业教研室，组成所谓的“专业连队”，其中包括数学、机械和制图等专业的老师，他们的加入促进了各学科的融合，壮大了研制小组的技术力量。

二

在物资和人力问题初步解决后，技术创新的难题便摆在了研制小组人员的面前。运—8飞机设计加装的是航行雷达，需要实现两个主要任务：大地测绘和气象探测，问题随之而来，252雷达是参照251雷达设计的，251雷达是安装在飞机正前方机鼻处的，天线扫描范围只有±60°，而运－8飞机的战术性能要求雷达扫描范围达到360°。因为它的机头是玻璃座舱，所以雷达只能安装在飞机底部。可能有人会问，仅仅是改变安装位置，直接用251雷达或者稍加改动不就可以了吗？但是，对机载雷达工作原理有所了解的人都知道，雷达天线安装位置的不同，则意味着电磁环境的改变，再加上天线尺寸缩小，会直接影响雷达天线的辐射特性，带来波束形状、增益、主瓣和旁瓣电平的一系列变化，进而引起整体设计的重大变化。这其中改变最大的就是天馈系统，它的优劣直接关乎252雷达研制工作的成败。

天馈系统主要包括天线和馈线系统，其主要功能是将雷达发射机输出的信号通过馈线输送到天线，由天线以电磁波形式辐射出去。电磁波到达目标后产生反射回波信号，再由天线接收，并通过馈线传送到雷达接收机。252航行雷达总体方案要求具备气象（雷电中心）探测和大地测绘功能，对前者须用针状波束，对后者须用余割平方波束，俗称“扫把”波束。天馈系统作为整个雷达的核心部件之一，其重要性不言而喻。而要将天线放在机身下，就要改变馈线（波导系统）的走向，缩小天线的口径，因此，必须重新设计一个可以改变波束形状的天线系统，且天线系统必须具备对空和对地两种用途。这是一个浩大的工程，势必需要重大的技术创新，研制小组在反复实验后，完成了这项技术创新，主要体现在极化栅技术和法拉第旋转效应的应用。由于这两者的巧妙结合，终于成功闯关。馈源的设计和结构也颇为巧妙，采用了介质波导和卡塞格伦天线副反射器的思路。

可是，在技术创新的同时也伴随着巨大的计算量。当时并没有电子计算机，大量的数据都是依靠手算和借来的手摇计算机实现的，工作量和难度可想而知。因此，决定由黄景熙、李春晖、许家栋3位老师一起计算，以提高结果的可靠性。也就是3人同时计算一个点，只有当计算结果完全一致时才予采用，若其中有一个人计算结果不同就推倒重来。这种认真负责的态度和一丝不苟的作风将电子工程系人能吃苦、能钻研、能奋斗的精神展露无遗。尤其令人惊叹的是，当年黄景熙和李春晖还是刚过而立之年的女教师，她们克服家务繁忙的困难，在252雷达天馈系统研制中承担着关键角色，真可谓巾帼不让须眉！

计算结束后，就要对设计制作模型进行测试。在校内自行制作天线模型的困难自不必说，天线的调试工作也是极其精细的，尤其是在对地观察的天线扩散挡的调试过程中，往往对某一位置进行细微的调整就会对性能产生很大的影响。因此，需要反复调试、反复测量。可是，当时的测试条件十分简陋，全靠人工调整、人工记录，一条曲线的测量往往需要花费数小时。为了保证天线的性能，老师们精益求精，进行了上百次的调试和测试，付出了大量的时间和精力，经常工作到深夜。功夫不负有心人，经过细致调试，研制天线的余割平方波束宽带达到了28°以上，居此类天线性能指标的前列，天线的增益也达到了28.5分贝以上，从根本上保证了252雷达优良的战术指标。

三

在各小组调试完成后，马上就进入各组联机调试阶段。整个252雷达被安装在老校区公字楼楼顶上。前期调试十分顺利，远处南山的雷达回波在雷达显示器上看得十分清楚。在这期间也出现了一些小插曲，就在小组调试的时候，调试人员处在小功率的电磁环境下，信号源功率只是几毫瓦，对身体影响不大。而一旦开始大功率联机测试，发射机脉冲功率就高达五六十千瓦。在这种情况下，假若将活蹦乱跳的麻雀置于天线馈源处，麻雀瞬间即可被烤焦！强电磁波对人体健康的影响是十分显著的，在调试过程中有多位老师相继病倒，体检结果显示白细胞远远低于正常值，电磁辐射导致老师们抵抗力下降，严重影响了身体健康。

即使威胁到生命健康，研制小组的老师们也没有丝毫退缩。大家科学筹划，轮番上阵，确保了调试工作的顺利进行。到1973年4月，科研组圆满完成了252雷达零部件、分机及总机的设计装备和地面调试工作，制作出了第一部样机，其各项性能指标均符合设计要求。经原航空工业部批准，雷达样机于1973年5月至6月在湖北当阳某师进行了第一次试飞，针对试飞中暴露的不足以及部队的意见，研制小组细致分析严格要求，又对雷达系统进行了一年的改进，于1974年11月进行第二次试飞。前后两次试飞，路线包括大连、烟台、上海、南宁、张掖和广州等地。由于研制过程中始终高度重视质量问题，因此，在试飞过程中没有出现任何故障。飞行中，雷达系统的各项性能得到完美展示，对地面城市的观察距离达到180公里，高性能的余割平方波束使得雷达显示器对地物的显示清晰完美，运—8飞机终于有了一双明亮的眼睛！参与252雷达试飞的许家栋老师兴奋地说："当我们在飞机上看见雷达显示器上清晰地展示出祖国的壮丽山河，看见远处的长江大桥时，心里非常激动，我们研制的雷达终于可以翱翔在祖国的蓝天上了！"

252雷达的优良性能赢得了试飞员一致好评，有关领导对西工大研制的雷达也是称赞不已。由一个大学研制出了可长期装备部队的雷达，这在当时是没有先例的。252雷达的成功研制在国内产生了很大的影响，也极大地促进了学院教学、科研和学科建设，提升了学院在国内的学术地位。"电磁场和微波"学科较早获批成为硕士学位点，并承担了高教部招收出国留学生的任务。科研组老师还开展了关于赋形波束天线等诸方面的理论研究，在国际会议和《电子学报》等相关杂志上发表了多篇论文，李春晖老师还编写了《特殊波束天线》讲义。当时，西工大电子工程系机载航行雷达技术居国内领先水平，为我国相关领域的研究做出了重要贡献。

取得了如此成果，理所当然该是一派欢天喜地的庆功场面吧。然而出人意料的是，在如此巨大的成功之后竟然没有庆祝。据老师们回忆，研制任务完成后，大家马上又投入到其他的工作中去了，那么地自然而然。据郭学祖老师说，252 雷达研制速度之快、效率之高、质量之稳定得到了学校和原航空工业部的一致好评。1979 年底，航空军工产品定型办公室组织了对 252 雷达的技术鉴定会，会议建议 252 雷达设计定型。同时，将 252 雷达命名为“航雷一2”型雷达，一直使用到 20 世纪 90 年代。

（电子信息学院　供稿）

让北斗绽开美丽的翅膀

2000 年，北斗导航卫星升空，稀土电机工作正常，卫星天线成功展开。这个电机就是西工大研制的，而且是国内高校第一个上星的研制产品。这也是稀土永磁电机在航天领域的成功应用。

一

2000 年 10 月 31 日凌晨及 12 月 21 日凌晨，在西昌卫星发射中心，我国自行研制的两颗“北斗导航定位卫星”顺利发射成功。卫星升空后，电机工作正常，保证了卫星天线的成功展开，为卫星发挥导航定位功能起到了关键性作用。

该电机是西工大研制生产的，是国内高等学校第一个自行研制的具有自主知识产权的星上电机产品，是国内高校第一个上星的研制产品，为稀土永磁电机在航天的应用开创了一个全新的领域，带动了该类电机在航天中的应用，填补了我国卫星用电机的空白，技术水平居国际领先地位，具有较大的社会效益和经济效益。

卫星导航定位系统是依靠卫星通信技术发展起来的高新科技，在国防现代化和国民经济建设中发挥着重要的作用。国防方面，在海湾战争、北约对南斯拉夫的空袭、伊拉克战争及阿富汗战争中，卫星导航定位系统准确且及时地提供了战场导航定位信息，对战争的进程及成败影响巨大。经济方面，在北斗导航卫星发射之前，我国尚无卫星定位系统，国内用户所需要的导航信息均要借助于国外的商用导航卫星。由于国际形势错综复杂，正常的商业服务经常受到干扰，给我国用户带来了很多不便。因此，我国迫切需要建立一套自己的卫星导航定位系统。原国防科工委决定研制北斗卫星定位导航系统。作为卫星天线展开机构的关键部件——卫星天线展开电机——随之立项。

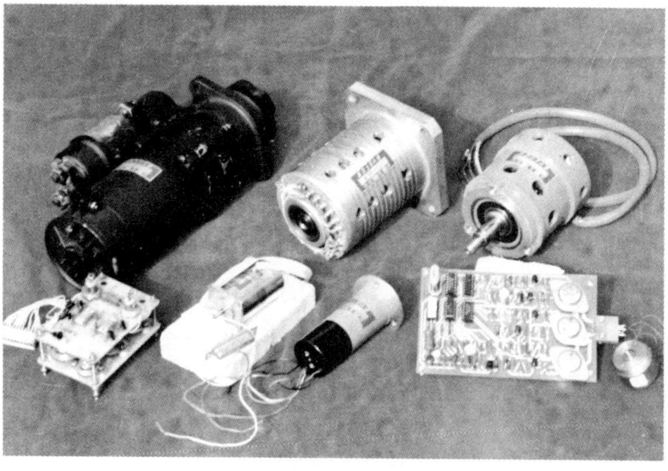

由于卫星天线展开电机属于高科技敏感技术，西方国家对我国实行技术封锁，只能立足于国内研制。而国内有关专业研究单位或尚未

开展这方面的研究，或不具备研发力量，电机的研制一度成为“瓶颈”。在这种艰难的条件下，西工大自动化学院刘景林教授敢为人先，勇于面对挑战，多次主动前往航天五院西安分院进行分析论证，经过不懈努力，终于取得了航天五院西安分院的信任，承担了北斗导航卫星天线展开电机的研制工作。

为了高质量地完成研制任务，刘景林率领课题组查阅了大量国内外文献和资料，进行了详细认真而广泛的调研。针对卫星天线展开电机特殊的使用环境和性能指标要求，采用顶层设计技术和优化设计技术，并广泛吸收国内外高性能电机先进的设计思想和手段，力求使电机的先进性、可靠性、适应性和工艺性有机地统一起来，使电机设计方案具有高起点，他们制定的试验技术条件比国外同类电机试验规范更加严格。经过艰苦努力，他们终于在 1998 年研制出 4 台初样样机，经过严格的考核，完全符合设计要求。1999 年 3 月，进入了正样产品的研制阶段。刘景林课题组顶着很大压力，节日也不休息，克服了一系列困难，经过不懈努力，终于在不到一年的时间内完成了电机研制。经国内权威机构测试，研制的电机性能指标完全满足设计要求并明显优于德国 MBB 公司的同类星用电机的性能。

由于北斗导航定位卫星天线展开电机的研制成功，开创了西工大的航天电机事业，推动了稀土永磁电机及控制技术在航天领域的应用。在随后的十多年间，刘景林教授带领的航天电机科研团队又陆续主持研发了涵盖所有的重大航天型号的多种航天电机及控制系统，并成功地应用在神舟系列载人飞船交会对接系统、探月工程、北斗二代导航定位卫星系统和多种通信卫星上。

二

说到稀土永磁电机，不得不说说我国航空稀土电机的创始人——

蒋宗荣教授。蒋宗荣开创了我国航空稀土永磁电机研究领域的先河，主持研制成功我国第一台航空稀土永磁发电机，并将该发电机应用于无人机上。他发明了自启动稀土永磁同步电动机并实现产业化，先后荣获 3 项国家级奖，1994 年在全国科技大会上受到党和国家领导人江泽民的亲切接见。

1967 年，美国发现了第一代稀土永磁钐钴永磁，引起了国内外磁学界和电机界的极大关注。我国的稀土资源丰富，蕴藏量占全世界 80%以上，为什么我们不发展稀土永磁电机呢？蒋宗荣认为稀土永磁电机的发展在我国具有得天独厚的优势，决心将从事稀土永磁电机的研究作为个人终身的奋斗目标。

蒋宗荣大胆尝试用稀土钐钴永磁，成为国内最早研究航空稀土电机方面的专家。该研究不仅提高了电机的各项性能指标，还有效地减少了电机的体积重量。1982 年，蒋宗荣课题组研制成功了 3 kVA 三相 400 Hz 的稀土永磁航空发电机，这是国内第一台航空稀土永磁发电机，获得了航空工业部“科技进步三等奖”。

1989 年，蒋宗荣领导的课题组在国际上首次解决了稀土永磁同步电动机的自启动问题，成功研制出国内第一台可批量生产的 800 W 稀土永磁高效节能纺织电机，开创了高效节能稀土电机研究的新领域，也奠定了国内在这一领域的研究领先世界水平的基础。稀土永磁纺织电机取代了传统的异步纺织电机，具有高效节能、温升低、功率因数高等一系列优点。经过在五大棉纺厂的测定，较原用异步电动机的电机效率提高了 10%～15%，节电率提高了 15%～20%。该电机后经国家纺织工业部批准，在全国纺织厂推广应用。1993 年，蒋宗荣所研究的稀土永磁高效节能纺织电机荣获“国家发明二等奖”。

稀土永磁高效节能纺织电机获国家发明二等奖

油田工作环境复杂，都是露天工作，终年风吹日晒，冰雪交加。而且油井不准停工，必须维持长期运行，要求电机工作可靠，容量大，从 5.5～45 kW，最大功率为 75～100 kW。稀土电机能否经得起这种考验，还需努力。当时蒋宗荣在北京京磁公司通县电机厂和北京电机厂进行试制与生产，取得成功。在冀东油田试运行，取得满意结果，节电率提高 15%～20%，并顺利推广到了大港油田、吉林油田、胜利油田及大庆油田应用。有一次，在大港油田天津采油区，测试地处海边，四周几十公里没有人家，正在井台上做试验时，突然狂风大作，蒋宗荣教授被刮倒在地，幸好他抱住了井架才免于被吹走，一个多小时后被救下来，人已是全身泥沙浸泡，棉大衣成了盔甲脱不下来，只好用剪刀剪开，蒋宗荣教授半天才缓过来。在一次投标大会上，大港油田总工动情地说：“凭蒋教授七十几岁的人，还为稀土电机在油田上应用奔波的精神，也应该中标……。”

三

蒋宗荣退休后，李钟明教授承担起继续发展壮大稀土永磁电机研究的历史使命。1991 年，他在“稀土永磁电机研究室”的基础上，成立了“稀土永磁电机及控制技术研究所”，并担任第一任所长。

李钟明主持了多项航空预研、型号研制和国家计划委员会八五重点攻关项目，为西工大多种型号无人机成功研制出配套的稀土永磁同步发电机。为某工程研制的稀土永磁直流电动机，创新性地采用了单机双绕组设计，实现了单机双速工作模式，将原先采用两台电机工作的方案简化为一台，有效地减轻了系统重量，该样机的试飞成功和生产定型使李钟明两次荣立航空工业部个人一等功。李钟明勇于突破，为某工程空中制氧系统成功研制了稀土永磁无刷直流电动机，该电机是国内第一个装备飞机型号的稀土永磁无刷直流电动机。

李钟明、刘卫国等主编出版的专著《稀土永磁电机》是国内第一部有关稀土永磁电机的专著，为国内稀土永磁电机发展提供了很好的理论参考，成为了稀土永磁电机研究人员必备的参考书。

蒋宗荣和李钟明培养了一批立志献身稀土永磁电机事业的学生，如刘卫国、窦满峰、刘景林、林辉、齐蓉等，他们现在都是西工大电气工程学科的骨干教授。目前，稀土永磁电机及控制技术研究所已组成有 13 名教师、6 名博导、100 余名博士生硕士生的研究团队，是一个具有国内外广泛影响力的、团结协作勇于拼搏的研究团队。该研究团队 2008 年获工信部“航空航天电机系统”国防科技创新团队称号。2008 年，建成陕西省“微特电机及驱动技术”重点实验室。

稀土永磁电机及拖动实验室

近些年来，8 种型号的卫星天线展开电机在北斗 1 代和 2 代卫星、鑫诺 3 号、尼星、委星等 11 颗卫星上应用，共配套 100 多台；BLDCM－10 稀土永磁无刷直流电机在某型号飞机上应用，共生产 400 余台；ZYS－10 双余度稀土永磁有刷直流电机成功应用于风云三号卫星上的太阳能帆板、微波成像仪的展开。22 个规格的油田抽油机用稀土永磁同步电动机在长庆、大庆、克拉玛依油田广泛应用，创造产值 5 000多万元。

（自动化学院　供稿）

军用机载计算机研制第一人

康继昌，年仅 29 岁时就作为我国第一台机载军用计算机样机的设计和研制者，创造了“中国第一”；之后又研制了我国第一台机载火控计算机并装备飞机，再次创造了“中国第一”。他是中国计算机学科的第一代科学家和教育家。

人们常说：生命之树常青。这句话对于康继昌教授来说再贴切不过。

1959 年，康继昌担任研制组组长，成功地研制了“东风－113”机载计算机的原理样机，年仅 29 岁。当年作为中国第一台机载军用计算机样机的设计和研制者，康继昌第一次创造了“中国第一”。

1974 年，康继昌主持成功地研制了机载数字式射击瞄准计算机并装备部队，以我国第一台机载火控计算机载入航空史册，年仅 44 岁。康继昌第二次创造了“中国第一”。

之后，康继昌教授的科研成果层出不穷，不断获得省部级以上的科研成果奖。

那　片　云

1930年，康继昌出生于上海市的一个书香世家，其父辈四人皆出国留学，连姑妈也走出国门留学德国。优越的家庭条件，他没有去炫耀，也没有去放浪地漂游，而是积极地投身到救国救民的历史大潮中。在大学期间，这位上海交通大学电机工程系的高才生就加入了中国共产党，参加了一系列学生正义运动，在上海解放前夕，奉命为解放军实地绘制了上海市（徐汇郊区）地图，获得了“建国功臣”纪念章。新中国成立不久，美帝亡我之心不死，朝鲜战争爆发，抗美援朝战争烽火连天，他又以壮怀激烈的报国热情弃文从军。“近代以来，中国人民遭受的苦难太深重了。因此，凡是真正的炎黄子孙，对于国家的独立、主权和领土完整都怀有强烈的感情。正是饱受帝国主义的侵略形成了我炽热的爱国情怀。”这是康继昌的肺腑之言。科技报国之志深埋康老的心中。“牛顿、富兰克林这些科学家爱不爱国我不知道，在我看来，科学无国界，但科学家有祖国，祖国的需要就是一个科学家的研究动力和兴趣所在。”康继昌的话就是这么简单而动人。他是这样想的也是这样践行的。

周恩来总理视察国内首次研制的机载计算机

20世纪50年代，风华正茂的康继昌以敏锐的眼光看到了数字计算机的巨大潜能。1957年，在苏联专家指导下攻读副博士学位时，他便开始机载数字计算机的课题研究。1958年，中央正式批准哈军工试制“东风—113”（国防建设重点科研项目），康继昌受命担任“东风—113”机载计算机研制组组长，经过一年多的奋战，成功地研制出了该机的原理样机。作为当年中国第一台机载军用计算机样机的设计和研制者，他第一次创造了“中国第一”。

康继昌以自己的创新与开拓精神研制出了贴着中国标签的机载计算机，以自己的智慧和魄力打造出了与时俱进的航空精神。

那 棵 草

回顾自己的成长，康继昌平静地说：“我一生经历了抗战、反蒋、抗美、反右、反右倾、‘文革’等一系列磨难与运动，我不但安然度过，而且与计算机结了缘，这是我人生最大的幸运。”就像祖国大地上的一棵小草，任凭风雨的洗礼，他默默地坚守着大地，团结同事，辛勤地在计算机科学的园地里耕耘。他说：“搞科研和教学是我平生两大乐事。我的思想都可以贡献给学生，我的研究都可以为学生开路。”他秉承着西工大的“三实一新”作风，教书更育人，可谓桃李满天下。在他培养出的百余名博士和硕士研究生中，有的已成为中外大学的校长、副校长、知名教授、博导；有的成为国内大型研究所的所长、总工程师，航空电子系统的领军者；有的成为中外大公司的总裁、副总裁；等等。名师出高徒，师从康继昌的弟子青出于蓝而胜于蓝，他们的成就令康老感到无限的欣慰。也因此，康继昌先后获得“全国优秀教师”“全国优秀归侨、侨眷知识分子”“航空航天部先进生产者”等荣誉称号。

这棵朴实的小草就是这样默默地为祖国大地增添一抹绿色。

那 艘 船

任世事变幻、风雨沧桑，康继昌对科学的探索从未停止。为了祖国碧蓝的天空，作为国防教育和科研工作者，他明白自己肩负的重任；作为新旧中国的见证人，他明白落后就要挨打；作为中华文明的传承者，他明白祖国的强大需要更多、更优秀的科技工作者的付出。1982年，康继昌克服困难和阻力，创建了西工大计算机科学与工程系，并担任第一任系主任和第一位博士生导师。在力抓学科建设的同时，人才培养和学科前沿技术研究多管齐下、齐头并进，使西工大计算机系后来居上，实现了跨越式发展，获得全国首批硕士点、西部地区第一个博士点。离休不离岗，他至今仍坚守在科研岗位上，力促西工大计算机学院软件学科博士点、计算机一级学科、国家重点学科建设。10年前，西工大计算机系就已进入国家队，计算机学科成为西部地区的“领头羊”。康继昌终生崇尚“知行合一”，身体力行，不懈探索。他一直奋斗在计算机科学技术的前沿，开创了一个又一个新的研究方向。每一个成功都有一个艰难的开始，勇于开始，才能找到成功的路。他总能看到国家发展的重大需求，通过需求来引领计算机研究的未来。

1974年，康继昌主持研制成功机载数字式射击瞄准计算机，通过国务院航空产品定型委员会鉴定，生产装备部队，以我国第一台机载火控计算机载入航空史册。继114机之后，他将该机用小型集成电路改造成“航空发动机试车台数据处理机”和“小型集成电路计算机”，于1978年获得两项全国科学大会奖。随后，他主持研制的“622A小型通用计算机”和“626FFT实时信号处理机”，均获部级科技成果奖。自1974年开始，他几乎年年获奖。比如，“NPU超大规模集成电路CAD软件包”“红二乙制导站”“多媒体合同作战指挥支持系统”等，分别获得国家发明奖、国家科技进步奖、航空航天部科技进步奖、国家教委科技进步奖、航空工业总公司科技进步奖等。离休后的康继昌，仍然坚持并行处理、光纤通信新技术的研究，离休五年后的2000年，他的“面向ISDN的并行多功能单板智能交换器”荣获国家发明奖。他还获得国家发明专利多项，如“大容量无阻塞高速网络”等。撰写了《小型计算机组成与原理》《现代并行计算机原理》等多部著作，发表学术论文近百篇。

作为开拓中国计算机学科的第一代科学家和教育家，康继昌把一生奉献给了计算机事业，为我国计算机科学与技术的发展做出了突出贡献。

（计算机学院　供稿）

地面画龙　天上点睛

魏炳波作为洪堡学者学成回国后，怀揣“要使中国空间材料科学在世界占有一席之地”的志向，白手起家，自制成套设备，创建了我国第一个空间材料科学实验室，其水平处于国际前列。

创建中国首个空间材料科学实验室

1990 年 7 月，魏炳波获得著名的德国洪堡基金。1991—1992 年，他从西工大先后来到德国宇航院、德国马普金属研究所、瑞士洛桑联邦理工学院材料系进行了合作研究。

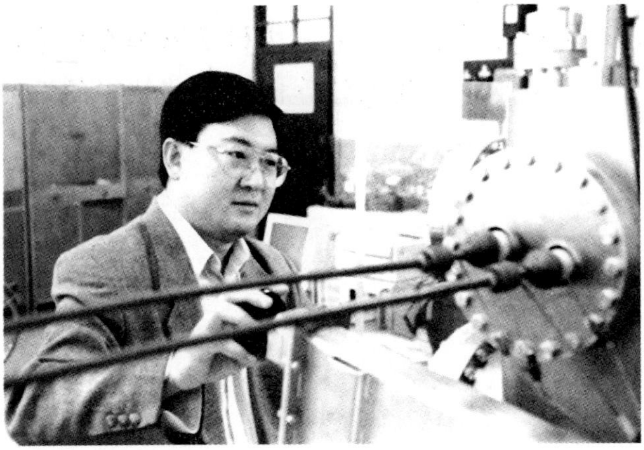

魏炳波教授在实验室进行课题研究

在短短 2 年时间里，魏炳波进行了多项创造性工作。他的合作教授认为，这位中国学者“很有天赋”“取得的成果都是创新性的、研究水平是一流的”。

“中国一定要在空间材料科学领域占有一席之地！”1992 年底，魏炳波回到母校工作，被西工大从讲师破格晋升为教授，着手创建空间材料科学实验室。当时，西方国家主要利用航天飞机、飞船和空间站进行材料制备的太空实验室，因此花费甚巨。魏炳波根据当时中国的国情，把实验室建设和科学研究的主要方向定位在地面模拟上，即主要开展空间模拟条件下液态金属深过冷与快速凝固研究，在此基础上再精选上天项目。他把这种研究方法比喻为在地面上画龙，到天上去点睛。

由于当时西方国家在航天高技术领域对华实行禁运政策，地面模拟研究所需的主要仪器设备完全要靠自己来解决。对此，魏炳波迎难而上，进行了艰苦的创业。

创业是智慧、勇气、毅力、意志的大较量，有痛苦、沮丧和磨难，但也有成功后的喜悦与欢乐。1996 年 10 月，魏炳波与他的同伴们每天都处于兴奋之中，实验室 1 000 多个零部件组合装配起来了。之后又经过一年的调试，解决了磨损、漏气等问题，他们自行设计并研制的包括电磁悬浮、超声悬浮、气动悬浮、浸浮净化、自由落体和超洁熔炼等 6 套核心设备在内的空间快速凝固地面模拟实验系统成功了！

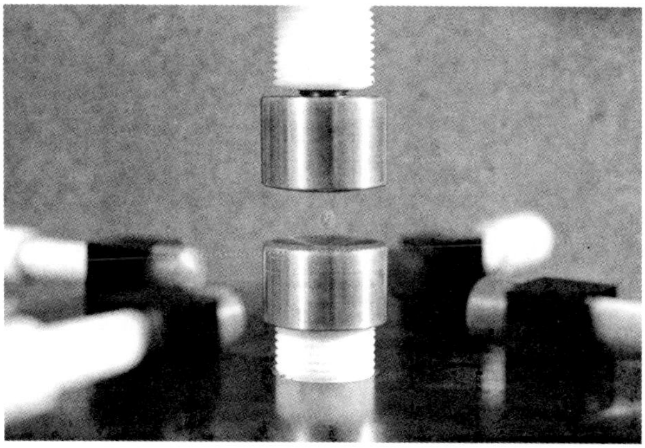

静电悬浮实验

在中国航空工业总公司和国防科工委组织的3次部委级技术鉴定会上，专家们一致评价该实验系统达到国际先进水平，并且部分实验技术属于国内外首创和国际领先。1997年10月9日，中国科学院院长路甬祥率原国防科工委、公安部、电子工业部、航天工业总公司等有关领导和专家到魏炳波创建的实验室进行了实地考察。路甬祥院长评价说："魏炳波教授主持创建的空间材料科学实验室虽然现在还是一个雏形，但是将来必定能有重要发展，这是对我国空间科学事业的很大贡献。"他还针对时前一些年轻的科技工作者不愿自己动手研制而是热衷于引进国外设备的现象，进一步指出："魏炳波能自己设计制造仪器设备，有创新，极为可贵。"魏炳波教授的上述成果，荣获1997年度国家技术发明二等奖。我国第一个以地面模拟研究为特色的空间材料科学实验室的建成，标志着我国继美国、俄罗斯和欧共体之后全面掌握了空间材料科学地面模拟研究的关键技术。

实验水平得到专家高度认可

魏炳波早自20世纪80年代中期开始，在导师周尧和院士的指导下，就在西工大凝固技术国家重点实验室开展了"大体积液态金属深过冷与快速凝固研究"，先后完成了多项国家和部委课题。回国后，他采取"边建设、边研制、边研究"的工作方式，在筹建实验室的同时，又进行科研工作，取得了显著成绩：在高熔点单相合金、偏晶合金和共晶合金的深过冷研究方面处于国际领先地位。

1993年5月，国家科委与德国研究与技术部就空间应用科学领域双边合作在北京举行座谈会，西工大空间材料科学实验室与德国宇航院的合作课题被列为22个项目之首，并且是唯一双方不需要再次谈判、可在第二年立即执行的合作项目。在实验室建设过程中，先后有美、德、俄、日、法、瑞士等十个国家的70多位专家学者前来参观访问和短期合作。

魏炳波教授领导建成的实验室和所取得的创新性成果，在国际空间材料科学领域产生了重要影响。美国航空航天局一位同行专家，认真研究分析了魏炳波教授发表的一系列高质量论文和研究成果，并与国外同类研究进行了比较，发表专题评论文章称赞："魏炳波及其合作者多年来一直开展深过冷与快速凝固研究，发表了一系列重要论文，为这一领域的国际领先水平作出了贡献。"在国际凝固理论研究领域，每10年一次的Zermat国际凝固组织讨论会是该学科方向最重要的国际会议之一。1998年7月5日，魏炳波教授应邀参加了在瑞士召开的第二届Zermat会议，并作了大会特邀报告，这是中国学者首次参加该会议。

西工大空间材料科学实验室先后被陕西省、中国航空工业总公司和教育部批准为省级和部级重点实验室。国家自然科学基金委、国家外专局、总装备部给予了长期支持。以此为基础，历经20年的努力，建立了西工大材料物理与化学全国重点学科，成为培养高层次空间材料科学技术人才的基地。鉴于魏炳波所做出的突出贡献，他赢得了人民的信任，赢得了共和国的褒奖：先后荣获第四届中国青年科学家奖、全国优秀教师、国家级有突出贡献专家、首批国家杰出青年基金，首批进入国家“百千万人才工程”，首批“长江学者奖励计划”特聘教授，“全国五一劳动奖章”。2011年12月，魏炳波当选为中国科学院院士。

对于这些称号和荣誉，魏炳波教授说：“这些奖励是各级领导对我们所做工作的充分肯定，体现了学术界前辈和学长们对我们的爱护和支持，也凝聚着这个由青年学者组成的研究集体的心血。”他还说：“回来能够干一点工作，关键是国内环境好，中央有几个部委、陕西省以及学校的支持，给我们提供了干事情的机会，我只是做了一点应该做的事。”

（执笔人：徐 澄）

UNESCO，IPMA 与西工大

西工大是最早开展中国项目管理研究和活动的高校之一，联合国教科文组织“产学研”结合计划唯一的中国网点就设立在西工大。西工大也是最早推进中国项目管理国际化的高校。

联合国教科文组织产学研结合中国网点落户西工大

1995 年 4 月，联合国教科文组织（UNESCO）副总干事贝德兰先生访问西工大时，介绍了联合国教科文组织开展的 UNISPAR 计划（University—Industry—Science Partnership，大学—企业—科学合作计划），该计划旨在促进大学与产业界及研究机构紧密合作，以使科学、教育更好地为经济发展与人才培养服务。

图中左为钱福培教授，右为西工大原校长戴冠中教授

西工大钱福培教授敏锐地认识到UNISPAR计划的重要性，认为这是一项对我国产学研都很有意义的计划，同时也是一个重要的项目管理实践机会，应该积极地参加进去。1996年7月，钱福培以论文作者的身份参加了在巴黎召开的“工程教育者和工业界领导人世界大会”。在大会期间，钱福培拜访了UNESCO的副总干事贝德兰先生，并得到了其关于在西工大开展UNISPR计划的支持。

回到西安，钱福培在3天内形成了一份申请建立西安产学研结合网点的申报材料，并以最快的速度上报了中国联合国教科文组织全国委员会和联合国教科文组织总部。1997年5月30日，“联合国教科文组织产学研结合计划西安网点”在西工大成立，由戴冠中校长任主任，钱福培任网点办公室主任。1999年5月，基于网点的出色工作，经中国联合国教科文组织全国委员会批准，西安网点升级正式更名为“联合国科教文组织产学研结合计划中国网点”。

UNESCO/ MHI/ NPU 教席

在UNESCO产学研结合计划UNISPAR中，有一个很重要的项目，这是由联合国组织和一些世界知名企业为支持UNISPAR计划而提出的一项专业性比较强的“教席”项目（UNESCO Chair Programme）。即由联合国机构和企业支持发展中国家，在专业领域内进行产学研活动，以提高教席设置国的专业水平与能力。教席所设置的领域非常广泛，包括教育、科技、工程、农业、文化等。截止2000年，UNESCO在全球设立的教席已有411个。在获悉日本三菱重工（MHI）将在东亚六国设立“火力发电与环境保护”教席后，经过积极争取，由UNESCO和三菱重工支持的“火力发电与环境保护”项目在西工大设置教席（UNECO/MHI/NPU），钱福培教授任教席负责人。经过3年的努力，教席计划圆满结束。这个3年的教席活动，对我校后来设置“环境保护工程系”有相当大的促进作用。

PMRC与中国项目管理

自20世纪80年代起，钱福培集中致力于项目管理关键技术——网络技术和系统工程——的研究。1987年，钱福培作为访问学者到美国进行了为期一年的学习交流，通过对美国项目管理学会（PMI）、美国国家航空航天局（NASA）等重要机构项目管理的研究以及与国际项目管理专家学者广泛的交流，钱福培教授认为：网络技术和项目管理，这种在发达国家已得到广泛应用的先进的管理方式，正是我国谋求高速高效发展急需的管理方法，在中国建立项目管理学科，发展项目管理事业是一项极为重要而又刻不容缓的历史使命。

回国后，钱福培积极投入到筹备中国项目管理专业组织的工作中。在著名数学家华罗庚先生组建的全国性一级学会——中国优选法统筹法与经济数学研究会——的支持下，1991年钱福培主持创建了中国唯一的跨行业、跨地区的项目管理学术组织——中国优选法统筹法与经济数学研究会项目管理研究委员会，简称为中国“双法”项目管理研究委员会（PMRC），挂靠单位是西工大。PMRC的4届主任分别是吴心平、徐德明、高德远和叶金福，现任主任是陈小筑。PMRC的成立是中国项目管理学科体系开始走向成熟的标志。1992年，PMRC开始编辑出版发行的内部期刊《项目管理》，是我国最早也是在很长一段时间内唯一出版的一份跨行业、跨地区的项目管理刊物。

1995年，钱福培提出了项目学的概念，并在中国首届国际项目管理论坛上作了题为“时代的呼唤——论‘项目学’的创建”的报告。1998年，他提出了项目学的基础框架，有关研究成果被收入由原中国科协主席、中国科学院院长周光召主编的《科技进步与学科发展》一书中。钱福培从20世纪90年代初致力于中国特色项目管理知识体系的建立，2001 年与十几位专家研究编写出版了《中国项目管理知识体系》（C－PMBOK）。目前，C－PMBOK 已成为中国项目管理学科的基础性文件及国际项目管理专业资质认证知识考核的依据和标准。从 1992 年开始，钱福培率先在西工大航空宇航系统工程硕士学位中设立了“项目管理”的研究方向，开始了项目管理专业人才培养的探索与实践。为支撑项目管理专业教育工作的有效开展，2004 年钱福培教授联合国内 30 位著名专家学者，主编出版了项目管理系列教材。PMRC 这个集体为中国项目管理现代化体系建设做了卓有成效的工作。

PMRC 致力于推进中国项目管理的国际化发展

自 PMRC 1991 年成立后，钱福培就不遗余力地推进中国项目管理国际间的交流与合作。国际项目管理协会（IPMA）是一个由 55 个成员国组成的国际组织，成立于 1965 年，是世界上成立最早的项目管理专业组织。1996 年，钱福培代表 PMRC 加入 IPMA，成为其会员国和理事单位。

IPMA 在全球推出了 2 个极具影响的专业产品：针对个人项目管理能力的专业资质认证（IPMP）和针对项目管理成果的国际卓越项目管理大奖（IPMA PE Award）。PMRC 于 2001 年引进专业资质认证，该项认证根据国际项目管理的能力基准，从知识、经验、素质三方面对项目管理从业人员进行综合认证。钱福培先后在全国范围内邀请了 15 位项目管理专家和各行业的领导者，组成了中国认证委员会，并任中国认证委员会主席。在认证委员会的指导下，还建立了由 50 多人组成的 IPMP 评估师队伍以及分布在全国 30 多个省市的考点和培训点，形成了完整的培训体系、认证体系和市场体系。至今，已有 3 万余名专业人员通过专业认证并获得证书。国际项目管理大奖于 2005 年引进，已有包括“‘神舟六号’载人飞船项目”和“侵华日军南京大屠杀遇难同胞纪念馆扩建工程项目”等 13 个优秀项目获得 IPMA 大奖，为我国项目管理人员能力的提升及我国项目管理水平的国际认可发挥了重要作用。2006 年，全国工程硕士专业学位教育指导委员会与 PMRC 暨 IPMP 中国认证委员会签订了合作框架协议。目前，全国已有 54 所院校基于 IPMP 认证标准的要求开展项目管理领域工程硕士的培养工作。2011 年，北京市率先设立了与 IPMP 认证相结合的项目管理自学考试本、专科专业，在北京成功试行后现在正陆续向全国推广。

迄今为止，PMRC 已成功召开了 12 届年会和 4 届国际项目管理学术交流大会，特别是 2006 年在上海成功举办了有 1 000 多人参加的第 20 届 IPMA World Congress（IPMA 项目管理全球大会）。现在 PMRC 在项目管理领域已成为国内一流、国际知名的专业组织，在国内外有广泛的社会影响。

2005 年，钱福培当选为 IPMA 执行委员会副主席，并竞选连任 3 届（1 届 2 年）至 2010 年，成为第一位在 IPMA 领导机构中任职的中国专家。为了表彰钱福培教授对国际项目管理的贡献，国际项目管理协会特授予钱福培教授 IPMA 最高荣誉奖“IPMA Honorary Fellowship Award”。

（管理学院　供稿）

叩开联合国大门

西工大是国内率先开展“模拟联合国”活动的高校，曾创造了诸多第一：中国大学生第一次出现在美国纽约联合国总部“模联”大会上；第一次与美国大学生协会在美国境外举办模联西安分会；是唯一两次获得美国纽约模联最高奖的中国高校。

“模拟联合国”活动自开始创办至今已有50多年，是一项国际性的大学院校的学生组织和活动，模拟履行“联合国”会议的职责。直至今天，全世界已有40多万个高中、大学在从事此活动。学生们扮演成所代表国的外交官，模拟联合国会议全过程，探讨并决策世界首要问题。由此，学生们认识了解世界时事，关注全球整体利益，学习多国间的谈判技能，培养决策才能。然而12年前，“模联”这个词语对于中国大学生来说，确实还很陌生。

阮红梅教授（图中右三）与西工大“模拟联合国”团队在联合国总部门前

2002 年 3 月 26 日，美国纽约，联合国总部，2002 模拟联合国大会（NMUN）开幕式上，西工大模拟联合国团队与 JCCC 团队队员一起参会，当会场上首次出现中国大学生的身影时，全场2 000多位不同国度、不同肤色、不同语言的学生代表起立为他们鼓掌……

2002 年 12 月 21 日，中国西安，西工大举办 2002 西安模拟联合国大会，国内 10 所大学及美国的 1 所大学参加大会，时任联合国秘书长科菲·安南以及联合国教科文组织发来贺信……

2008 年 11 月，中国西安，西工大与美国大学生协会联合举办纽约模拟联合国大会西安分会，这是纽约国际模拟联合国大会的首次境外会议，吸引了来自海内外 10 个国家 44 所高校的数百名大学生……

2011 年 4 月，美国纽约，西工大模拟联合国团队向大会申请代表“大国”并获特别批准，西工大航海学院 2009 级学生胡育菲作为委员会主席团代表，向联合国全会 4 个委员会 800 多名代表做了精彩的总结发言。

2011 年是西工大模拟联合国团队建队第十年，也是模拟联合国活动进入中国的第十年。5 月 20～22 日，中国西安，北京外交学院、北京大学、北京航空航天大学、北京理工大学、国防科技大学、澳门大学等省内外 31 所大学应邀参加在西工大举办的模拟联合国大会，美国班尼迪克大学作为西工大模拟联合国项目合作学校也派出 8 人参加大会，联合国原副秘书长、中国联合国协会会长、中国人民大学国际关系学院院长陈健向大会发来贺词。

模拟联合国活动，让西工大的学子走出国门，走进纽约联合国总部彰显才华、展示风采。阮红梅，一位温润如玉的教师，以敏锐的目光把模拟联合国活动引进西工大校园，为渴望成才的莘莘学子搭建了一个新的成才平台，带给学生不断挑战自己、提升自己的学习机会。

“模联因为她而成立并且成长，我们是她的孩子一般，而她也像一个母亲一样。经过了十年，我们已经在四海创业，她依然守护着我们记忆中的家园。”西工大 2001 级电子信息学院学生张石如是说。

2001 年 12 月，张石成为西工大模拟联合国团队第一批队员。他曾两度赴美参加纽约国际模拟联合国大会并载誉而归，任团队第三任主席，在团队中度过了 5 年的时光。十几年过去了，历任队员早已在世界各地创造出了自己的一片天地。在团队建立十周年之际，他们为阮红梅教授和西工大模联团队，写下了发自内心的思念与牵挂：“没有模联团队，没有阮老师，就没有我们的今天。”

西工大模联团队始建于 2001 年，是全国三所最早引进模拟联合国活动的高校之一。它作为教务处领导下的学生创新基地项目，以其刻苦钻研的学术能力、勤奋踏实的作风、不断创新的精神，在国内外模联界享有盛名。成立十余年来，西工大模联在国内国际会议活动中成绩斐然，共获得国际级一等奖 9 项，二等奖 6 项，三等奖 5 项，个人单项奖 12 项，国内团队及个人奖项更是不计其数。

星星之火，遂成燎原

阮红梅，西工大人文与经法学院外国语言文学系教授，硕士生导师，院学位分会委员，陕西省翻译者协会理事。1996 年赴英国驻英大使馆教育处随任一年。

2000 年，阮红梅来到美国堪萨斯州 JCCC 学院进修，此次进修让她认识了模拟联合国活动，并同 JCCC 团队一起参加了纽约国际模拟联合国大会，而她也是参加此类大会的第一位中国人。

在会上，阮红梅与来自全世界不同的文化背景、拥有不同肤色、持有不同观点的年轻人相互切磋、探讨分析当今世界的复杂局势，决策当今世界首要解决的问题。共同的追求，相通的友情，让她陶醉于“模拟联合国”活动的魅力之中，来自世界各地青年的优异表现也深深地触动了她。会议结束后，她想，为什么我们中国的学生不能有机会参加这样一场盛会呢？她随即有了一个强烈的念头：中国的大学生也应该有这样展示自我，增强国际间交流的机会！2001 年 7 月，阮红梅回国后，积极地将此想法与学校领导沟通，获得了校领导的肯定与支持。同年 12 月，经学校领导决策，西工大正式成立了模拟联合国团队，作为国际化素质教育改革的探索，旨在培养具有决策领导力、具备国际交流能力的国际化专业人才。经过严格的初试与复试，最终 16

名学生荣幸地成为了西工大模拟联合国团队的首批队员，模拟联合国活动从此在中国写下了崭新的一笔！这对以理工科为主的西工大来说，是一个全新的领域。自此，西工大与北京大学、北京外交学院一起成为全国率先开展“模拟联合国”活动的三所高校。

春生夏长，秋收冬藏

模拟联合国团队成立之后，就开始着手准备2002年的NMUN Conference（National Model United Nations Conference，即纽约国际模拟联合国大会）。经过严格的选拔，团队中的6名队员被选中赴美与JCCC团队的队员一同参加“2002国际模拟联合国大会”。这是第一次有来自中国的队员参加世界上历史最悠久、参加人数最多的联合国盛会。在全程5天的会期里，6位同学运用流利的英文与各国学生精英唇枪舌剑，给与会各国代表及会议主席留下了深刻的印象，为祖国赢得了荣誉。自此，西工大模拟联合国团队不断发展壮大。

2002年纽约国际模拟联合国大会上的宝贵经历让队员们为能参加这样大的国际盛会、能站在联合国的会场上让全世界聆听中国的声音而感到自豪。更重要的是这一经历肯定了模拟联合国活动在培养21世纪人才上的教育意义。因此，让模拟联合国活动在中国发展成为了下一个目标。然而，模联活动无论从哪个方面讲都是全新的，全国各地知道模联活动的学生少之又少，更别提拥有专业的学术水平乃至参加大型会议了，发展模联活动的困难可想而知。经过耐心的长时间的准备，团队决定以校园模拟联合国活动为起点，开始探索模拟联合国的发展之路。是年12月，西工大和JCCC共同举办了“2002西工大模拟联合国大会”，时任联合国秘书长科菲·安南、中国联合国协会、联合国教科文组织均为大会发来了贺信。

12年来，模拟联合国活动作为西工大学生创新基地项目之一，在教务处的统筹管理下，在学校各部门的协调支持下，在人文与经法学院教师的共同努力下，始终坚持具有决策领导力、具备国际交流能力的国际化专业人才培养的目标，不断开拓创新。阮红梅将模拟联合国活动引入课堂，建设了课程教学、校园实践平台、社会实践渠道三个模块环节紧密关联有机融合的多维立体化教学模式，2009 年获得国家优秀教学成果奖二等奖。

十年磨剑，硕果累累

西工大模拟联合国团队在国内国际会议活动中成绩斐然。自团队成立至今，团队赴全国乃至世界各地参加模拟联合国会议，已获得国际、国内的集体及个人奖项百余项。尤为值得一提的是，2008 年 11 月，西工大成功举办了纽约模拟联合国大会西安分会。这是纽约国际大会的首次境外会议，吸引了来自海内外 10 个国家的数百名大学生，在国内外产生了很大的反响。在 2009 年和 2010 年纽约国际模拟联合国大会上，西工大模联团队连续获得国际一等奖，这是目前亚洲高校在纽约大会上取得的最好成绩。而在刚刚结束的 2013 年纽约国际模拟联合国大会中，西工大代表队更是夺得了两个国际一等奖的好成绩。

参加国际级的比赛，对以理工科专业为主且英语为第二语言的学生来说，无疑是一个很大的挑战。能够在5 000多名强手中跻身前列，获得奖项，实为不易。这其中不可或缺的是敢于挑战的精神和有备而来的实力，而这有备而来的实力，与老师的教导是密不可分的。模联团队有着完备的选拔和培训体系，在经过层层筛选之后，阮红梅老师与其模联团队的其他指导老师，牺牲寒假的休息时间，对学生进行一对一培训指导，十年如一日，守护着这一方净土，悉心呵护着一批又一批的模联队员，引领他们走向更大的舞台，奔往更广阔的天地。

（执笔人：邓冰玉）

志在国防铸辉煌

国庆60周年阅兵式上，首次亮相的无人机方阵格外引人注目。展示的无人机全部是西工大无人机所研制并生产的，这在全国高校中是唯一的。西工大无人机研制从20世纪50年代起步，经过四代人的不懈努力，今天已发展成为全国最大的无人机研制基地，为国防武器装备做出了重大贡献。

2009年10月1日，在国庆60周年大阅兵中，我军无人机方阵首次亮相接受党和国家领导人以及亿万中国人民的检阅。这个方阵的无人机全部由西工大无人机所研制并生产。这在全国高校是唯一的。

德国媒体撰文称，中国在60周年国庆大阅兵中骄傲地向世人展示了其增加无人机使用范围的努力，以及自主研发和生产此类飞机的能力。尽管在技术方面与美国等西方国家的无人机仍存在较大差距，但近年来通过跳跃式发展，已经自行研制和生产了多种型号的无人机系统。文章认为，ASN—206无人机是中国早期进行的高级战术无人机项目之一，是成功进入解放军部队服役的为数不多的无人机之一。这款轻型、近距、战术无人侦察机——ASN—207无人机——是ASN—206无人机的改进机型，性能远远超越了前者，续航时间及任务荷载都是前者的两倍，全部配备有蘑菇形接收天线，可从地面站接收飞行指令。

提起无人机，无人不知美国的捕食者、全球鹰、X47B等，它们是未来战场上的主角。其实无人机早就为世人所熟知，只是随着信息时代的到来，信息化下的无人机显示出更强大的力量。1917年世界上第一架无人机问世。它尺寸小、重量轻，无人员损伤，经济性好，在灾情监视、交通巡视、航空测绘等方面有广泛用途。20世纪80年代的中东战争和90年代初的海湾战争中，无人机被用作空中侦察、电子对抗、目标定位等，成为世界瞩目的战例。从此无人机在军事领域获得了快速发展，特别是近年来无人攻击战机的出现，更是让无人机出尽风头。

我国第一套无人机系统是1958年由西工大研制、在西安窑村机场试飞成功的。从成功研制我国第一架小型无人机，到建成全国最大的无人机科研生产基地，西工大的无人机事业走过了50多年的风雨历程。

青春热血勇探索

提起西工大无人机的发展，还要从航空模型说起，1955年华东航空学院组建航模队并成功研制了我国第一架无线电遥控模型飞机，从此航模队开始了它精彩的历程。从华东航空学院航模队到西安航空学院航模队再到西工大航模队，这支队伍可谓转战东西，屡建功勋。1961 年，西工大航模队打破和创造了两项无线电遥控航模飞机的世界纪录：8 小时 6 分 35 秒的留空时间记录和 2 470 米的飞行高度记录。尤其是打破了美国 AMA 所保持的飞行时间记录，影响很大，国际航模界对年轻的新中国航模运动员刮目相看！在这些航模队员中，走出了“歼—8”总设计师顾诵芬院士、“歼— 7”总设计师屠基达院士、原空军司令部科研部朱宝鎏部长等人。

1956 年西工大航模队获第三名

1958 年，寿松涛校长在狠抓航模队的同时，又发起研制无人机。学校抽调了约 15 名师生组成“04”（科学试验用无人机系统）攻坚小组，历经一年奋战，终于在西安窑村机场试飞成功。因此，“04”系统也成为我国第一架试飞成功的脱离了航模规格的无人机系统，成为我国发展无人机事业的开端，陶考德、刘明道、薛民献等也成为我国无人机事业的开创者和奠基人。

朝鲜战争期间，志愿军在朝鲜战场上遭受美国 F —86 的轰炸，伤亡惨重。在战争结束后的总结经验会上，认为这主要是由于我军年轻的防空兵战士缺乏对空射击的训练。于是，西工大人主动走访空军高炮指挥部和中央军委炮兵司令部，欲把学校的遥控模型飞机技术运用到靶机无人机上。此时，军队的将领们正为防空训练器材而发愁。很快，学校为炮兵研制的Ⅰ型航空模型（B—1）投入生产，供高炮战士训练用。紧接着空速250千米/时的Ⅱ型靶机（B—2）大面积装备了海陆空三军多个靶机组。B—2靶机累计生产逾5 000架，并于1978年获全国科学大会奖。之后，无人机所研制的新产品层出不穷，如D—4民用无人机系统（主要用于航空摄影、物理探矿、灾情监视等，该成果获国家科技进步三等奖），B2D、B9舰载靶机，爱生系列无人机（主要用于目标定位、火炮校射、电子对抗等，其中爱生206机具有从空中对地面目标进行实时监视、搜索、识别、航摄等多种功能，主要指标达到同时代国际先进水平，获1996年国家科技进步一等奖，爱生105机获得国家科技进步二等奖）。

攻坚克难渡难关

西工大无人机所从小到大、由弱到强，整整经历了四代人。老一辈无人机事业的开拓者、建设者们，如今又把事业的接力棒交到了以祝小平为代表的新一代研究者的手里，严谨的学风和为国家事业奉献的精神一代代传承了下来。现任国家重点武器装备项目总设计师、研究所总工程师祝小平开玩笑说："西工大无人机所的名字取得太辛苦。从最初的'12研'到目前的'365所'，从一年12个月干活到一年365天干活。"是幽默是巧合，更是真实的写照。

1997年，祝小平和周洲夫妻双双博士后出站，同时被上海交通大学录用，但是母校诚挚的挽留和两人对航空航天事业共同的情结，使他们在母校安了家。"祝小平的骨子里就是搞科研的，是事业留下了他。"周洲回忆说，他们退掉了第二天赴上海的火车票。其实当时留下来的想法很单纯，祝小平说："从本科到两站博士后出站，学了十四五年的航空航天，结果不干这行了，心里会难受的。"本来夫妻俩打算就留下来干3年，做完一个项目就走的，可没想到，这一干就是10多年。

小型无人机系统是集航空、机械、电子、光学、计算机、控制、传感器、复合材料、小型航空发动机等多方面技术成果于一身的高技术产品。无人机的研制过程复杂，包括方案论证、产品设计、工程研制、系统集成、试验验证、设计定型等。20世纪90年代海湾战争之后，世界掀起无人机研制的热潮，继而科索沃战争中无人机又得到了使用，迎来了无人机时代。当时ASN—206的研制使无人机所跟上了国际步伐，某型号演示验证成功又为西工大赢得了某国防重点项目的承制，给西工大无人机使用带来极好的机遇。

祝小平担任型号总设计师。该型无人机系统是国内第一个无人机武器装备，其总体技术指标达到甚至部分超过了国际水平，系统复杂、新技术多，难度大、时间紧、风险高。随着研制工作的进一步深入，意想不到的技术难题和困难接踵而来。

2001年7月，初样机已进入联调联试阶段，原计划用进口发动机进行试验，然而此时，出口国撤销了该型发动机的出口许可，实施技术封锁。这对祝小平及其团队是一场严峻的考验。我国航空领域有一软肋，即“心脏病”，缺少好的发动机。面对困难，在各级组织的支持下，祝小平团队下定决心，决定尽快研制出我们自己的新型发动机。第一台发动机很快总装试车，经过一轮又一轮的试验，终于研制出首批 7 台样机，飞行试验可以如期进行。“尽管由于某些技术缺陷，首飞只有 7 分钟，未能取得圆满成功，但毕竟飞起来了”，祝小平说。这一飞，不仅打破了国外的封锁，也为型号的最终完成提供了坚实的保证。目前，全国中小型无人机发动机只有西工大无人机所能够研制生产。

从 2003 年 3 月系统第二次科研试飞开始，每走一步都有拦路虎。首先是春季的非典和秋季渭河流域百年不遇的洪水，使科研试飞的进度一拖再拖。进入试验后，不但技术难题一个接一个地出现，系统可靠性问题也层出不穷。祝小平说：“由于这个系统的特殊性，飞行过程中任何小的故障都会导致坠机事故，影响和损失都是不可估量的，因此每一个飞行架次都是严峻的考验。”

2003 年秋季的一天，飞机正常起飞后，按程序飞行到预定高度准备进行规定试验。“试验进入倒计时”，“系统进入预定程序”，祝小平指挥的声音通过对讲机传了出来，镇定而自信。大家都怀着期待的心情等待着成功，虽有些紧张，但仍满怀信心，因为觉得地面的工作已经做得很扎实了。“系统出现异常，没有按规定完成任务”，大家带着询问的目光，面面相觑，心提到了嗓子眼上。“系统复位，重新进入试验程序”，声音中透着沉着，但仍掩饰不住焦虑。“第二次试验失败，故障无法排除，采取紧急迫降措施。”之后，对讲机静默了。控制车上的气氛非常紧张。飞机终于落地了，在十多公里开外。祝小平从控制车上下来，背部的衣服都被汗水浸透了，他顾不上喘口气，立即登上指挥车辆，组织人员前往现场。不幸之中的万幸，没有人员受伤。紧张的排故、改进和地面验证之后，又一次飞行试验，又一次空中故障，失败了；再一轮紧张的排故后，再一轮试验，再一次地失败。防不胜防的可靠性故障，一次又一次的失败，一个个疑问在祝小平的脑中盘旋……

“当时的压力真的非常大!”祝小平回想起当时的情况，历历在目。“大约花了一年时间，到 2004 年 12 月 24 日，各项指标完全达到了。”到了那时候，祝小平和他的团队终于体会到了什么叫干事业、什么叫成功。

一般认为，航空航天领域的科学家、博士后、总工程师，应该是文质彬彬、十分神气的，可周洲笑着说：“根本不是那样。”在外场，没有人把自己看作硕士、博士，抬飞机、找飞机的体力活照样干。经常天还没亮就起床，拿起一个面包和一袋牛奶就干活去了。穿着迷彩服，到山上去找飞机，到河里去捞飞机，到树上去够飞机，常常是一身的土。“不像科研人员，倒像是民工。”这就是祝小平以及他的同事们真实的工作状态。

张玉琢系西工大无人机所原总工程师、型号总设计师，荣获多项国家科技进步一等奖等重要奖项，是我国无人机领域具有重要影响的专家。1987 年，张玉琢受命担任 ASN — 206 型号无人机总工程师和型号总设计师。张玉琢和他的同伴们凭着一股子知难而上的拼命劲头，披星戴月，昼夜工作。张玉琢用最朴实的一句话作了形容：“那个时候实验室里晚上常常是灯火通明。”为了一个计算机高分辨率的显示器，他们几乎跑遍了国内各地；为了找到相关信息，他们不错过任何一次有关的展览会……除了技术信息上的闭塞，经费的紧张更是一大难题。当时虽有国家的经费支持，但用钱的地方实在太多，最困难时，全所账上不到20万元，而到货一套设备就需要20多万元。

在无人机所有的研制工作中，外场试飞是无人机研制非常重要、关键的环节，它可以试验和检查无人机系统的性能，发现和解决系统存在的问题；但外场飞行试验也是最苦的，既要面对夏日暴晒，又要忍受冬日严寒。除了生活上的困难，最折磨人的是精神上的压力。

在张玉琢的带领下，从无人机系统的总体设计，到分系统的设计与试制、飞行试验，攻克了一个又一个技术难关。1994年底，ASN—206型无人机终于设计定型。该型无人机的诞生实现了从空中对地面目标进行实时监视、搜索、识别、航摄等多种功能，技术先进，性能可靠，主要指标达到同时代国际先进水平，大大缩短了我国与世界先进水平的差距，极大地推动了我国小型无人机事业的全面发展，一些专家称这是我国无人机事业发展的“里程碑”。之后，以张玉琢总师为代表的创新团队，承担了诸多国家无人机预研制和重点项目，其中新一代通用无人机系统在无人机空中中继数据传输技术、全天时现代昼夜侦察技术、高精度目标跟踪定位技术、双机控制与导航技术、飞行总体气动设计技术、动力装置技术等方面处于国内领先地位，达到了国际先进水平，成为我国现役无人机系统应用领域最广泛的系统。

开拓创新铸辉煌

正是怀着航空报国、献身国防的信念，历经 50 多年的艰难科学攻关和发展，西工大无人机所攻克了一个个难关，打破了一重重技术壁垒，先后成功研究了 40 多个型号的无人机，获国家及省部级科技成果奖 74 项。在国务院发展研究中心市场经济研究所组织评选的“中华之最”系列里，西工大无人机所被评为“全国最大的无人机研究生产基地”。2013 年，国家发改委批准依托西工大无人机所建立国内无人机行业唯一的“无人机系统国家工程研究中心”。

在创新研究方面，西工大无人机所逐步形成了比较完备的研究组织体系，建设了无人机先进气动布局与控制制导重点实验室，发展成为科工贸一体化技术经济实体，形成了科研生产两条主线，具备了年产几百架不同型号无人机的能力，实现了由财政投入型向自我发展型转变。多种新型无人机研制不断写下骄人业绩，民品市场得到了突破性的进展，外贸市场也取得了新的成绩。

（365 所　供稿）

后　记

2012年9月，鉴于大学文化的重要性，并考虑西工大拥有众多全国著名教授和在全国堪称第一的重大事件，西工大党委书记陈小筑提议组织编写一本《西工大故事》。学校党委宣传部和校友会积极行动起来，给相关学院发出了编写《西工大故事》的提纲和通知。相关学院党委高度重视，积极配合，或推荐入编对象，或组织邀请当事人座谈，或组织写作稿件，做了大量基础性工作。

在此基础上，由西工大宣传部部长李小聪、校友会秘书长张英群牵头，并抽调徐澄、傅高明、姚群秀、郭友军、王凡华等同志，组成编辑部，对稿件进行整理、修改和编辑工作。由徐澄对全书进行统稿。

陈小筑书记和汪劲松校长最后审阅定稿，傅恒志院士为本书题写书名。本书得以顺利出版，是集体智慧的结晶和辛勤劳动的成果。

收录的文章是依据西工大各学院的顺序排列的。

感谢西工大出版社对《西工大故事》出版的大力支持。

编　者

2013年国庆节